U0367094

水木书香

张建伟 著

凶手

谁有权利宽恕

清华大学出版社

北 京

## 内 容 简 介

只有受害者才有权利宽恕凶手。这里的"受害者"既包括死者本人（死者已经永久失去了表达意见的权利，这是凶手造成的恶果），也包括因亲子死亡而痛失爱子的父母或者死者其他近亲属。其他任何人都没有权利代替表达宽恕之情，其他人越俎代庖表达对凶手的宽恕不但无聊而且无耻。

**图书在版编目（CIP）数据**

谁有权利宽恕凶手/张建伟著. —北京：清华大学出版社，2018（2023.10重印）
（水木书香）
ISBN 978-7-302-44442-8

Ⅰ．①谁…　Ⅱ．①张…　Ⅲ．①法学—文集　Ⅳ．①D90-53

中国版本图书馆 CIP 数据核字(2016)第 169626 号

责任编辑：刘　晶
封面设计：谢元明
责任校对：王凤芝
责任印制：沈　露

出版发行：清华大学出版社
　　　　　网　　　　　址：http://www.tup.com.cn，http://www.wqbook.com
　　　　　地　　　　　址：北京清华大学学研大厦 A 座　　邮　编：100084
　　　　　社　总　机：010-83470000　　　　邮　购：010-62786544
　　　　　投稿与读者服务：010-62776969，c-service@tup.tsinghua.edu.cn
　　　　　质　量　反　馈：010-62772015，zhiliang@tup.tsinghua.edu.cn
印　装　者：三河市铭诚印务有限公司
经　　　销：全国新华书店
开　　　本：148mm×210mm　　　印张：8.625　　　字　数：196 千字
版　　　次：2018 年 4 月第 1 版　　　　　　印　次：2023 年 10 月第 2 次印刷
定　　　价：52.00 元

产品编号：070569-01

收拾来便是良知，散漫去都成妄想。

——［明］高攀龙

这就是我的故乡，我的人民。

这是一片我想发出声响的空间。

——［荷］马斯曼

# 序

读一篇美国学者的文章，文章中反复提到"像法律人一样思考"（thinking like a lawyer），我对这个短语产生了一点兴趣。按照作者的说法，"像法律人一样思考"意味着相信法律工具（首要的是对抗制）是解决所有难题的理想手段。如果与法律制度无关的某一生活领域的事项出了问题，这个解决手段会将法律制度扩张到该领域。在英美人眼里，"法律人"包含受私人委托的律师，也包括在检察机构从事诉讼活动的律师（检察官被称为"控方律师"），甚至在法庭上执槌司法的法官。所以，在这里，对"法律人"一词不妨作宽泛理解。

像法律人一样思考，应当是指一个人的思维方式具有律师思维方式的特性，这种特性植根于法律职业的特性、法律活动本身的传统和性质。它是一种职业习惯，一种角色心理，是养成的，熔铸在律师的群体属性里。我想，一个法律人的意识构造中应当包括如下要素：

现代诉讼中实行证据裁判主义，认定案件事实应依赖于证据，证据是律师武器库中的制胜利器，法律人进行诉讼活动和诉讼外的咨询代理活动，不能不注重证据。有证据意识者，能够注重保全证据、提供咨询意见或者辩论言之有据（证据）、依证据为判断。对于检察官来说，更是有一分证据说一分话,有七分证据不说八分话(胡适)。

律师以维护权利为己任,受私人委托的律师,基于维护当事人利益的目的进行活动,应勇于和敏于维护权利。作为"控方律师"的检察官,不但要维护被害人的权益,对于嫌疑人、被告人的权益,也要加以公平注意。故而许多国家的法律要求检察官对待有利于和不利于嫌疑人、被告人的证据应一律加以注意,以维护其正当权益,体现和实现正义。法官居中裁判,更应有尊重当事人自由权利的强固意识,否则怎么配做"上帝"在人间的代理人? 要知道,裁判人之善恶的法官的位置是人间的法官代坐的。

公平竞赛(fair play)旧译"费厄泼赖",来源于竞技中的概念。在运动场上,公道待人,注重竞技的公平性,不但与本队的队员通力合作,即使对竞争对手也尊重其人格。流风所及,在政治舞台和司法领域,亦以公平竞赛为原则。这一原则,来源于英国,人们素来认为,"英国政治家的风度是在球场上养成的",英国的对抗制诉讼也表现出鲜明的公平性质。在诉讼中,公平竞赛意识促使人们遵守自己的本分,在行使自己的权利的时候,亦尊重对方的权利,在司法竞技中不逾矩,不以不正当手段拆对方的台,而以正当手段追求胜诉。

法律人有证据意识、权利意识、公平竞赛意识,归结到一点,是信赖法律的正当程序能够实现正义。在这种信仰的支配下,出现纠纷时,自然会选用正当程序作为解决问题的方式,并且为了使法律工具保持有效性,能够自觉抵制败坏法律程序纯洁性的做法。如果法律人对法律工具失去信仰,就会为获得胜诉而大肆钻营,就会竞相逐利而不择手段,从而进一步败坏司法环境,最终使法律工具在解决人们的纠纷中被弃如敝屣。

无须强调,"像法律人一样思考"中的"法律人",是"真正"意义上的法律人,是有正义感、道德感的法律人,只有这样的法律人才能够如此思考。毫无道德感和正义观念的法律人,其意识构成有别于此。这样的法律人越多,司法越颓败。

从事法律工作的人,"像法律人一样思考",能够培养出一种公平诉讼的风气,以及对法制信赖的风气。社会中多数人能够"像法律人一样思考",则法治的社会基础就容易形成,社会正义就容易得到维护。对于社会法治意识来说,法律人建立起一种道德秩序,树立一种形象,有助于促成和强化这种意识,法律人通过自己的行为和思考方式可以对社会产生良好的影响,起到一种示范作用,从而促进司法环境的改善。所以,当我们想到"像法律人一样思考"这样的概念时,心目中的法律人应当是值得信赖的,值得尊重的。

# 目　录

## 第三辑　拉着古人聊聊天

## 第四辑 巴掌大的一块青天

## 第五辑 活人的司法

## 第六辑　却疑春色在邻家

BY J. CHANG

第一辑

# 正 义 的 图 腾

　　司法女神,是正义的图腾,一种从古到今裁判者应有素质的形象表达。代表了人们对司法的普遍期待。忒弥斯或者朱斯提提亚的形象提醒我们,司法须公正,鞫案须用心,法律权威须维护,法律面前须平等。这不过是对司法活动的基本要求,是裁判者的圭臬。

# 司法的意象

英国伦敦中央刑事法院大楼上最高处的穹形屋顶矗立着一座耀眼的女神像,两臂左右伸展,左手执天平,右手持剑,剑头上扬,直指蓝天。这就是尊名为"正义之秤"的司法女神造像。在莫斯科大学法律系(至今仍称"法律系",换成中国,早改称"法学院"矣)系史陈列馆里,有一尊司法女神坐像,一手天平一手剑。

在西方社会,司法最著名的标志就是这位女神,她往往用布蒙着眼睛,一手持剑,一手执天平。剑者,表示法律的威严;天平者,表示执法应当公平。司法女神蒙着眼睛,表示法律应当平等适用于每一个人,无论贵贱贫富智愚贤不肖,法律面前人人平等。

想到司法女神,我有时会想:人们在谈到刑事司法和操持司法权柄的机关之时,心目中经常涌起的意象(image)是什么?他们的笔下或者口中经常运用的意象是什么?

一种意象是剑。剑表达的是对恶的惩罚,它必须锋利而非驽钝,象征着人们对于司法效率的追求。普布里利乌斯·叙鲁斯曾言:"罪人获释,法官就成了罪人。"法官贪墨受赇致使罪犯逍遥法外,是有罪的;若懈怠而不履行查明案件真相的责任而使罪犯逃之夭夭,也是有罪的。

　　另一种意象是羽毛。罗秉成律师在台北一场题为"神也要讲程序"的讲演中提道：在埃及神话中有"亡灵审判"的故事，人死后，亡灵由鹰头神（Horus）牵到双宝殿接受审判。亡灵自白之后还有一个"秤心仪式"，由狗头神阿努比斯（Anubis）主持。亡灵把心掏出来放在天秤的右端，另一端是一根羽毛。羽毛是埃及神话里正义女神的化身。"你如果仔细看画中的天秤，有些会在天秤的顶端上画一个头，人头上插一支羽毛（有些没画人头，只插一支羽毛在上面）。"羽毛是司法的图腾。

　　最常见的意象是天平。我国古代用"称"作为意象，与天平是一回事。"称"的意象可以从古人的文章中见到：

　　　　律意者，其定律时斟酌其应轻应重其宜也。如称锤然，有物一斤在此，置以十五两九钱则锤昂，置之十六两一钱则锤沉。置之恰当，则不昂不沉，锤适居其中央，故曰刑罚中。中者，中也，不轻不重之谓也。此律意也。何谓律心？《书》曰："罪疑惟轻"，"与其杀不辜，宁失不经"。曾子曰："如得其情，则哀矜而勿喜。"此律心也。譬如一称锤也，存心宽恕者，则用锤平，且宁于其出也，微失之昂；于其入也，宁失之沉。若心存苛核者，则用锤也，出必欲其沉，入必欲其昂，此非锤之不平也。故用律者亦然。［（清）姚文然：《律意律心说》］

这"称"的意象可谓饱含良意。

　　在我国，古代司法的图腾是唤作"解廌"（又写作"獬豸"）的神兽，但"解廌"为何物，说法不一：《前汉书·司马相如传注》说解廌"似鹿而一角，人君刑罚得中，则生于朝廷"；王充《论衡》说解廌为"一角羊，性知有罪，皋陶治狱，其罪疑者，令羊触之"。《异物志》避开了似鹿还是似羊的说法，仅云：

"东北荒中有兽,名獬豸。一角,性忠,触不直者。"无论如何,这种"性忠""触不直"的神奇动物,用作司法和司法机关的象征,由来已久,古代官服上就有解廌的形象。它的存在表明人们寄希望于司法的,是明辨是非、惩恶扬善。

不过,廌也好,解廌也好,在法律的严酷时期,这类意象往往被斧钺、站笼和铡刀暗中偷换。法律和司法机构都不过是治民之具,好用则用,不好用则改造之,公平不公平,就看是否能够满足朝廷安稳、皇帝放心安睡的需要。《聊斋志异》中"席方平"一则就描述了严酷的法律、残忍的法官和黑暗的法庭共同构成的"地狱"。走进这种衙门,小民只有"老老实实"的份儿,没有"乱说乱动"之权,能够毫发无损就是奇迹。

还有一种意象是盾。葡萄牙学者吉德奥马丁斯指出:"法院是法治国家架构中的基本部件,它的职权是保卫受法律保护的权益,捍卫民主的合法性和制止各种冲突。"换句话说,司法机关不仅是惩罚犯罪的工具,它还是保卫受法律保护的权益(它所面临的不仅是来自犯罪的威胁),捍卫民主的合法性。也就是说,司法机关被赋予了盾的意象。

盾的意象,法律家将其与惩罚犯罪的结果相联系,即通过惩罚犯罪来保护政治制度、社会秩序、经济秩序和人民的生命、自由、健康和财产安全。不过,司法机关作为人民手中的盾,最重要的作用在于防止来自政府(主要是行政机关,也不排除同样可能对个人造成损害的立法机关)的侵害,它为人民提供不受来自政府的侵害以及过于热心的国家官吏的干预的保护功能。这种意义上的盾,才真正代表了近代以来司法机关与中世纪及其以前的刑事司法机关的差异之处。

司法和司法机关具有现代特性的,是在国家权力和个人自由之间发挥调节作用。英国学者大卫·巴纳德在《诉讼中的刑事法庭》一书中指出："社会必须保护它的成员,使之不受坏人侵害。同时,民主国家的公民又有不受警察干涉的正当要求,法律必须在这互相冲突的两者之间取得平衡。"法院发挥平衡作用,得到美国最高法院法官威利斯·V.德万特的认同:"……审判人员……是整个审判体系的平衡轮,起着维持个人权利与政府权力之间的平衡的调节作用。"这样的比喻赋予司法与司法机关颇具现代性的新意象:平衡轮。

我们可以在一些机械装置(如钟表的内部构造)中发现平衡轮(balance wheel),它的作用是保持平衡或者纠正失衡状态使之重新达成平衡。平衡轮作为司法与司法机关的意象,与诉讼中的平衡观念相联系。美国学者乔·撒马哈(Joel Samaha)认为平衡是刑事程序的核心问题。詹姆斯·麦迪逊的天使理论揭示:"如果人是天使,政府就没有存在的必要;如果天使君临统治,就没有必要对政府进行外部和内部控制。在对人统治人的政府进行建构中,最大的困难在于:你必须使政府有能力控制被统治者;而下一步,迫使其自我控制。"乔·撒马哈乃谓:麦迪逊的这段话清楚表明,宪政民主之中,平衡是刑事程序法最基本特性,平衡不仅存在于政府权力与个人隐私、自由、财产权利之间,刑事程序法还包含其他因素的平衡,诸如:社会与个人的平衡;目的与手段的平衡;法律、社会和意识形态之间的平衡;联邦、州与地方政府的平衡;政府的行政、立法与司法部门的平衡;正式规则与自由裁量权的平衡。在这么多平衡木上保持身体平衡是困难的,按照美国最高法院首席法官威廉·伦奎斯特的说法:"从我国政治理论的漫长历史和宪法发展看,最困难的是去裁决那些存在价值冲突的案件,在这类案件中……必须让一个价值占据超越其他价值的地位。"

就政府权力与个人权利的平衡而言,控制被统治者和对政府加以控制要求:在需要平衡的一侧,政府官员应有足够的权力发现、拘捕、起诉、定罪以及惩罚;在另一侧,宪政民主要求对国家官员的权力作出限制,以便为个人自由、隐私权和财产权提供最大限度的保障。法院在其中起到的调节作用,就是通过签发某些令状、作出肯定性的裁决,保证政府官员应有足够的必要权力去遏止犯罪、捕获犯罪人、获取证据和发现真相,同时通过拒绝签发某些令状、发布人身保护令和作出否定性的裁决限制国家官员的权力,为个人的各项自由、权利提供切实有力的保障。许多年前,王世杰尝言:"任何权利,如果不受法庭之保障,实际上便同虚设。"

惜乎这种平衡轮作用,在我国却几乎湮没无闻。这也难怪,它在西方国家长期的诉讼历程里(直至 17 世纪的英国)同样难觅踪迹。不过,在现代司法制度中,它却是司法和司法机关最重要的现代特性之一。平衡轮,是揭示这一现代特性的新鲜、贴切的意象。

## 忒弥斯的眼睛

十多年以前，在一本电影杂志上读到评介苏联电影《悔恨》的文章。文章谈道：电影中出现一蒙着眼睛的司法女神，当有人揭开她的蒙眼布看时，发现她的眼睛已经溃烂。导演用这种镜头告诉观众：天下冤滥遍地，原来司法女神早就瞎了眼！

读书或读文章，本没有特意要记住某些东西，很长时间以后却发现不经意间已经让一些事物留下了深刻印象，甚至不容易在记忆中抹掉。当初读到这段谈影片中司法女神的文字就是如此。不过，后来找到《悔恨》的碟片饱览，虽然看到"司法女神"，却没有发现里面有揭开蒙眼布的镜头，不免有些失望。

听一位律师谈黄静案件，说到司法女神的眼睛，又勾起这段记忆，算是"不思量，自难忘"了。

这位律师振振有词："司法，是一位闭上眼睛的女神，她只凭借听到的事实决定是否挥起她的宝剑。"他还借题发挥说：这意味着，法官不可能知晓"客观事实"，更不能依据"客观事实"判案。但法官又必须作出裁判，只能用"证据"还原"事实"，通过合法程序获得的"证据"证明了的"事实"，就是"法律事实"。结论是："客观事实"并不是法院判决的依据，法官定罪量刑依据的永远只能是"法律事实"。

听到这位律师慷慨激昂讲话以前,在一位学者写的关于法律真实与客观真实之辩的文章中也曾读到相同的说法。法学的太阳底下也是没有新鲜事的,一些时髦观点很快就会流传开来,在法律人士中形成"你有、我有、全都有"的人云亦云局面。

其实,这位律师的联想过界了。需要澄清的一个常识是,司法女神忒弥斯(Themis)并不是闭上眼睛的,而是用布蒙住的(当然,蒙住眼睛的同时也许闭上眼睛了,但也有可能在蒙眼布后睁着眼睛,谁又知道呢)。另外,特别重要的是,她蒙住眼睛,那意思并不是什么"只凭借听到的事实决定是否挥起她的宝剑"。

余定宇在《寻找法律的印记:从古埃及到美利坚》中提到罗马法院广场的塑像:"只见她神情肃穆,一手持宝剑,一手执天平,双眼被布紧紧蒙着。雕像的背后,刻有一句简洁的古罗马法律格言:'为了正义,哪怕它天崩地裂。'这便是整个西方世界里家喻户晓的法律化身——正义女

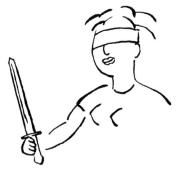

执剑的忒弥斯

神的雕像。"正义女神来自希腊神话,"古希腊正义女神的名字叫忒弥斯,是天与地的女儿。她名字的原义为'大地',引申义则为'生命'和'稳定'。所以,在奥林匹亚山上的众神雕像中,正义女神的造型,是被塑造成一位表情严肃的中年母亲,手中常持一架天平,象征着平民百姓对'生命'和'生活'的希望,以及对法律'成熟稳重''公平正义'的期求。"古罗马人将"正义女

神的名字改称为'朱斯提提亚'（Justitia，由法律 jus 一词而来），其雕像的造型，亦已将忒弥斯与狄刻母女二人形象合二为一：她一手持宝剑，一手执天平，但双眼却开始用布蒙上。罗马人赋予正义女神的新内涵是：天平代表'公平'，宝剑代表'正义'，前额垂直的秀发代表'诚实'亦即'真相'，而蒙眼闭目，则表示审判要'用心灵来观察'。"①

手执天平的忒弥斯

心如明镜，明镜高悬，是人们对司法官员的普遍期待。用心去观察，去过滤，细蓖真伪，发奸辨冤，比那些有眼无心的裁判者更能澄清事实真相，实现法律正义。否则，有心而中空，有眼而无珠。真伪不明，乱挥宝剑，招惹得民怨沸腾，怨声载道，谁还会前来，到瞎了眼的司法女神这里讨公道，要说法？

正义女神蒙着眼睛，表达这样的意思——"法律面前人人平等"。也就是说，正义女神蒙着眼睛并非不去看案件事实，而是不去区分前来诉讼的人是高官显宦、财大气粗之流，还是穷困潦倒、身无长物之辈。智愚贤不肖，黑白黄棕红，一视同仁，公平裁判。

司法女神，是正义的图腾，一种从古到今裁判者应有素质的形象表达。代表人们对司法的普遍期待。忒弥斯或者朱斯提提亚的形象提醒我们，司

---

① 余定宇著：《寻找法律的印记：从古埃及到美利坚》，46～47 页，北京：法律出版社，2004。

BY J. CHANG

法须公正,鞫案须用心,法律权威须维护,法律面前须平等。这不过是对司法活动的基本要求,是裁判者的圭臬。

司法女神蒙住眼睛,要表达的可不是某些学者和律师想要表达的意思:事实真相是不能发现的,发现了她也不知道。

解读歪了,司法女神的眼睛里会有泪流出来。

听听曹刿怎么说

　　无事乱翻书，几度惊讶于这样的史实：春秋时期，治狱受到重视，公平司法是国君可以夸耀并得到公众尊敬的事。《左传》中《曹刿论战》一节，便告诉我们这些。

　　《左传》记载：齐国攻打鲁国时，曹刿以一介布衣身份拜见鲁国国君，问："凭啥应战？"国君说："锦衣玉食，不敢一人独占，一定与人分享。"曹刿摇头："小小恩惠，不能遍施给每一个人，百姓不会死心跟从你的。"国君又说："祭祀所用牛羊绸缎，遵循定制，不敢随意增加，一定以诚信对待这件事。"曹刿又摇头："小小信用，不足以感动神道，神灵不会降福给人。"国君最后说："无论大小案件，即使不能明断真伪，但一定以情处断。"（情，实也。《论语》云：上好信，民莫敢不用情。见《康熙字典》）曹刿终于宽慰地说："这是可以使百姓奉献忠心的，可以凭借它与敌作战。作战时请允许我作为随从！"

　　少时懵懂无知，读《曹刿论战》，对曹刿不言对敌国入侵的因应之策却追问凭啥应战颇为不解，对他从国君以情治狱竟得出可以一战的结论更是大觉蹊跷。如今痴长多年，心智渐开，终于明白：治狱之事大矣。

　　曹刿引以为应战之恃的"以情治狱"，意指治狱合乎情理，亦即司法合乎公平的伦理观。情，一解为情实，即符合实际情况。治狱合乎公正之所以重要，原因在于它与每一国民的切身利益攸关。盖因每一国民都可能涉入诉讼，也都可能成为不公正的司法的受害者。司法公正，不但可使百姓对司法机构、司法人员和司法制度产生信赖，而免于因担忧被不公正的司法所戕害而惶惶不可终日，而且能够基于这种信赖形成一种向心力。

春秋时期，各诸侯国充满竞争，人心向背、舆论褒贬、国君智昏、谋士贤愚，无一不与社稷安危相关，除非一心一意想把自己国家弄垮，哪个国君不竭力争取民心、自强御敌？环顾国境之外，虎视眈眈、伺机而动的异国军队早按捺不住骚动了。

春秋战乱时，国家兴亡，人是关键因素。没有人肯为你出汗流血拼命，反而拿脚当选票，一溜烟儿跑到外国去，你有再大的抱负、本领，怎能一战？孟子见齐宣王，曰施仁政可得人心："近王发政施仁，使天下仕者皆欲立于王之朝，耕者皆欲耕于王之野，商贾皆欲藏于王之市，行者皆欲出于王之途，天下之欲疾其君者皆欲赴愬于王，其若是，孰能御之！"与发政施仁一样，治狱公正与否，足以决定人心向背，也就足以决定战争可能的结果，曹刿聪明，毕竟与肉食者不同……

转瞬千年矣，当今世界，司法状况如何，还与人心得失息息相关吗？

［原文］

十年春，齐师伐我。公将战。曹刿请见。其乡人曰："肉食者谋之，又何间焉？"刿曰："肉食者鄙，未能远谋。"乃入见。问："何以战？"公曰："衣食所安，弗敢专也，必以分人。"对曰："小惠未徧，民弗从也。"公曰："牺牲玉帛，弗敢加也，必以信。"对曰："小信未孚，神弗福也。"公曰："小大之狱，虽不能察，必以情。"对曰："忠之属也。可以一战。战则请从。"公与之乘。战于长勺，公将鼓之。刿曰："未可。"齐人三鼓。刿曰："可矣。"齐师败绩，公将驰之。刿曰："未可。"下视其辙，登轼而望之，曰："可矣。"遂逐齐师。既克，公问其故。对曰："夫战，勇气也。一鼓作气，再而衰，三而竭。彼竭我盈，故克之。夫大国，难测也，惧有伏焉。吾视其辙乱，望其旗靡，故逐之。"

## 智慧不遗传

先秦，有一件听起来很蹊跷、实际上别有深意的事。太史公在《史记》卷六十八商君列传中记载：商鞅制定变法之令，"令即具，未布，恐民之不信，已乃立三丈之木于国都市南门，募民有能徙置北门者，予十金。民怪之，莫敢徙。复曰'能徙者，予五十金'。有一人徙之，辄予五十金，以明不欺。卒下令。"

这就是徙木赠金的故事，如今看，已如九十岁奶奶的嘴——老掉牙了。我最初听到这个故事，是在法家得到大力推崇颂扬的无法无天年代，孔子（当时的叫法是"孔老二"）被批得灰头土脸，商鞅、韩非被捧上了天。一本小人书画着这个故事。这段旧事，人们早已耳熟能详，在这里又说起来难免落俗。不过，智慧是不能遗传的，重温这类往事会发现一些被我们忽略的东西，故旧闻重录常常是必要的。

这徙木赠金的特别之处，不在于人们常说的那一点意义，即先秦时人们已经认识到确立法律权威的必要性。商鞅为法律确立权威的方式才称得上另类：商鞅不是以标语口号式的训令教育民众遵守法律，而是以政府守信践诺的实际作为给法律确立威信。这不是很特别吗？

法律的威信来自法律的信用，史尚宽先生在《如何确立法律威信》一文中曾言："法之威严,在于必行,立法者不可立不可行之法,行法者不可存有行有不行之心,是以立法贵恕,行法贵严。"亦即:法律要具有权威,必须具有实践其信用的前提条件,此其一;其二,还要执法者严格贯彻法律使之必行。法律不可行或者不被执行,法律权威难以确立,法治的基础就不能形成,即便形成也必分崩离析。

法律具有惩罚犯罪、规范人的行为、塑造社会以及教育民众等多重功能。当代中国素重法的教育功能,不过,人们通常将这一功能理解为通过有意识的宣传使法律治下的民众知法守法不犯法。司法行政官员整天关心的,是在全国范围内普及法律知识,却可能未必注意到:这种宣传固然有传达法律内容和宣扬法理的重要作用,但仅凭法律宣传并不足以树立起法律的权威和培养守法意识,法律的教育功能在很大程度上是通过法律的实际运作状态得以实现的。在这个过程中,国家官员特别是执法官员的职务活动,起到关键作用。执法官员在职务活动中严格依法办事,发挥遵守法律的示范作用,使社会通过国家官员的日常工作得以对法律的权威性得到认识,这种不著一字的示范行为具有塑造社会风气的潜移默化的功效,要比单纯的教育宣讲效果好得多。反之,执法者不严格依法办事,不通过执法行为实践法律对公众的允诺,公众就会从执法者身上习得法律因人之需任意取舍存废的意识,执法人员的不良行为就会起到反面示范作用。是故,对法制权威的损害,莫过于执法者自身不循规蹈矩地执行法律。

王安石有一首七绝诗,以《商鞅》为题。诗云:

自古驱民在信诚,一言为重百金轻。

今人未可非商鞅,商鞅能令政必行。

诗中"信诚"二字，值得为之涕泪横流。我国社会，诚信缺失已成严重问题。究其实，最大的诚信缺失，莫过于国家（政府）诚信的缺失。法律即使不是政府与民众达成之协议，至少也是政府的一种承诺。这种承诺需要政府去兑现，这就对政府产生了约束。如果政府不遵守约束，作为国家的代理人的执法司法人员自己践踏法律，谁会相信国家会一言九鼎，讲求诚信？法律焉能受到民众尊重？

清代石成金云："信者，居官立事之本。与民信，则不疑，而事可行矣。"商鞅徙木赠金之道就在于使法律取信于民，以便使法令得以推行。其方法似愚，但世人切莫真以为愚，否则便是今日智叟笑古代愚公了。

# 百代皆行秦政制

读杜牧的《阿房宫赋》，见连年战乱之战国一统于秦，只六个字便概括，云"六王毕，四海一"，真是何等气魄！秦之战胜，表面上是铁马金戈的胜利，实质是秦政制的胜利。秦国兴起，端赖"商君佐之，内立法度，务耕织，修守战之备，外连衡而斗诸侯"，商鞅推行的是他标榜的"法治"。

秦之法治足以在战车上取天下，成功之后，自然被认为亦可以凭借它在大殿之上治天下，却不料好梦未久，便惹得"戍卒叫，函谷举，楚人一炬"，连阿房宫也烧得剩下一片"可怜焦土"。

同一法治，成也由斯，败也由斯。后人不察，目乱神迷，对法治乃畏而远之，于是几千年下来，独尊儒术，闻法家而哂之。不过，法家虽然落魄，并没有落荒而逃，有人谓我国秦以后各朝"外儒内法"或"明儒暗法"，法家思想换了一副儒家面孔出现在司法制度中，隐身于儒家化的法制当中。

无论如何，秦之覆亡，岂非证明法治之失败？今人闻法治而心向往之，大有非此不足以谈政治民主、文明之势，又是为啥？

今日所言之法治，乃现代法治，源于英国，与秦之法治有着本质区别。论法治之功过，需要搞清楚是哪一种法治。

秦之法治，乃商鞅、韩非式的法治。贺麟先生称之为"申韩式的法治"，又称"基于功利的法治",他指出,这种类型的法治"厉行铁的纪律,坚强组织,急近功,贪速利,以人民为实现功利政策的工具;以法律为贯彻武力征服或强权统治的手段。以奖赏为引诱人图功的甘饵;以刑罚为压迫人就范的利器"。这种法治虽然可以收到富强的速效,但"上养成专制的霸主,中养成残忍的酷吏,下养成敢怒不敢言的顺民,或激起揭竿而起的革命"。

现代法治(rule of law),可称为"近代民主式的法治"。戴雪指出其真谛:"全国人民以至君主本身都须要受制于法。倘使法律不能为政,以致全国无法律;必致全国无君主,复无任何遗产之可言。"在《英宪精义》(1885年)一书中,戴雪指出,不存在武断权力,是法治主要特征之一,它意味着正常的法律保有绝对的至高无上或压倒一切的地位,与专制权力相对立,并且排斥专制的存在、特权的存在;另外,在国家境内,没有一人高居法律之上,每个人,不论为贵为贱为富为贫,都要受命于法律,并处于普通法院的管辖之下,所有在职官吏,自内阁总理以致巡视或征税差役,倘若违法,一律与庶民同罪。从戴雪对"法治"特征的经典描述可以清楚看到:在"法治"概念中,司法机关具有极不寻常的地位。法院是约束立法机关使之不违反宪政原则和约束拥有庞大权力的行政机关防止其滥用权力的重要力量,所以司法是法治的屏障。

这种现代法治,本质上与商鞅、韩非式法治实在没有多少共同之处。萧公权先生称秦实行的"法治"为专制,干脆否认其为法治,他认为:"法治与专制之别,在前者以法律为最高之威权,为君臣之所共守,后者为君主最高之威权,可以变更法律。持此以为标准,则先秦固无真正之法治思想,更未尝有法治之政府。秦自孝公(前361—前338在位)以来即用商韩之法。吾人若加以分析,其重要之条目不外尊君重国,勤农务战,严刑必罚,明法布令诸事。其中无一端足认为法治之主旨。前二者固无待论。严刑明法，似与法治有关。然商韩所谓重刑，李斯所谓深督，皆失法律之平，为近代法律之所不许。明法布令，制定条文，而宣示大众，又为任何政体中不可或缺之政事。以此为法治，则凡政府皆法治，岂秦之所得专美。"

秦虽以"法治"为号召，实则是人治之一种有法制、重法制的形式。秦朝乃我国最初的专制皇朝，与现代法治国度绝不相侔。两者真正区别，在于法律之上有无更高的权威。鉴别的方法如下面这句话所言——在法治（民主）的社会，法律就是国王；在人治（专制）的社会，国王就是法律。

当代人在迷乱的政治概念间学满月小儿"抓周儿"，需要认准抓的是哪一种法治，选错了，努力的方向也就错了。

## 法官对抗国王

罗斯科·庞德有一本小册子，写得着实不错，书名《普通法的精神》。书中提道：1612 年 11 月 10 日，星期天，上午，应坎特伯雷大主教的奏请，英国国王詹姆士一世召见英格兰的法官，此所谓"星期日上午会议"。起因是，教会法院不依既定法律和成规，不遵从任何控诉便对案件进行审判。它在一个案件中仅凭一份世俗性质的诉状派随员进入被告人的住宅并实施拘捕时，高等民事法庭颁发禁令，取缔其有关诉讼行为。一些人建议国王按照自己的意图收回部分案件的审判权，由国王对这些案件亲自审理和判决。为了证明这一行为的合理性，坎特伯雷大主教在会议上宣扬王权至上，提出：法官只是国王的代表，国王认为有必要，把本应自己审理的案件交给法官审理。大法官爱德华·柯克代表法官进行反驳，乃谓：根据英格兰法律，国王无权审理任何案件，所有刑事和民事案件，皆应交由法院裁决。国王听罢不以为然："朕以为法律以理性为本，朕和其他人与法官一样有理性。"柯克回答："上帝恩赐陛下以丰富的知识和非凡的天资，但微臣认为陛下对英王国的法律并不熟悉，而这些涉及臣民的生命、继承权、财产等的案件并不是按天赋理性来决断的，而是按照人为理性和法律判决的。法律是一门艺术，它需经长期的学习和实践才能掌握，在未达到这一水平之前,任何人都不能从事案件的审判工作。"詹姆士一世恼羞成怒,质问:这叫啥话?! 按照这种说法,国王将被置于法律之下,岂非大逆不道的犯上行为?! 柯克引用布莱克斯通的名言,云:"国王不应服从任何人,但应服从上帝和法律。"类似发生激烈辩论的会议经过几次之后,国王难抑怒气,将柯克的大法官职务免去了事。

这是英国司法史上的著名事件,柯克对英国国王表白的王权与法律的关系、国王的理性与司法人员的专门化的观点,至今为人们称道。

英国乃现代法治的起源国,现代法治的重要特征之一是法律居于至上地位,即使是皇帝、国王也必须服从法律。法治的这一特性要求立法者要独立于皇权或者王权(它们被看作行政权),这样才能有限制皇权或者王权的法制;但仅靠这一点远远不够,司法权(也就是执行法律的权力)也必须脱离皇权或者王权而独立,司法权一旦与皇权或者王权结合,皇帝或者国王就掌握了操纵法律的特权,法律对于专横权力的遏制功能就会消失,法治就不复存在。这就是柯克力争司法权由法官独立行使的根本意义之所在。大法官柯克为维护司法独立,与英国国王展开一场场辩论,反驳了王权至上的观念,重申"国王不应服从任何人,但应服从上帝和法律"的法治原则,提出如下论断:"法律是一门艺术,它需经长期的学习和实践才能掌握,在未达到这一水平之前,任何人都不能从事案件的审判工作。"尽管柯克本人因此而丢掉大法官职位,但他这番努力可没有白费,英国的法治和法官独立最后确立起来,"星期日上午会议"的抗争,功不可没。

民主、自由、人权皆非赐予之物,没有前人的牺牲、奋斗,不会有后人"大树底下好乘凉"。法官的独立,需要法官自己去努力争取;俟天落饼,你就看不到独立的那一天。

22

## 司法统制的假期

司法独立乃法治基本要素之一，此为常识。我国古代，没有司法独立的体制，实行的是司法统制，却并非没有司法独立的思想和实践。

古代文献当中，有关司法独立性的论断并非绝无仅有。《论语》云："大君任法而不弗躬，则事断于法。"强调君主依法而治，不应亲自处断案件（不弗躬）；又云："术也者，主之所以执也；法也者，官之所以师也。"虽然强调君主尊严，但法律的执行还是应当交给属臣。诸葛亮在《出师表》中也表达同样思想，他劝后主刘禅："若有作奸犯科及为忠善者，宜付有司论其刑赏，以昭陛下平明之治"，不要随喜怒行法，以免造成偏私，"使内外异法也"。这表明古人认识到：对司法的任意干涉会引起专横任性，明显妨碍法治。

西汉廷尉张释之（字季，堵阳人，汉文帝时拜为廷尉）为后代提供了在司法统制之下中国司法官吏为保障司法公正而寻求独立裁判的罕见案例。《史记·张释之冯唐列传第四十二》记载：

汉文帝出行经过中渭桥，有一人从桥下跑出，惊了皇帝的车驾。这位闯下大祸的人立即被捕获。案件交给廷尉处理，张释之对犯人进行了讯问。犯人回答说："我听到皇帝车驾要经过这里，就藏在桥下。待了好久，以为车驾已过,就出来观看,正巧看见乘舆车马,就吓得跑起来。"廷尉对汉文帝说,惊了皇帝的车马,应当处以罚金。汉文帝发怒曰:"此人惊了我的马,幸好我的马性情柔和,如果是别的马,不是肯定要把我弄伤吗?可是你却只处他罚金!"张释之接下来的这段回答脍炙人口,他说:

> 法者,天子所与天下公共也。今法如此而更重之,是法不信于民也。且方其时,上使立诛之则已。今既下廷尉,廷尉,天下之平也,一倾而天下用法皆为轻重,民安所措其手足?唯陛下察之。

意思是:法律是皇帝和天下众生共信共守的。法律已经这样规定,却又在执行中加重处罚,这是让法律不取信于民。如果案发之时,皇上下令立即处死他也就罢了,既然交给了廷尉,廷尉是执掌天下公平的,廷尉执法有偏,会带动全国执法都任意轻重,还会有老百姓的活路吗?思忖良久,皇帝终于承认:"廷尉说的是。"

这事发生后,又有类似一幕上演:有人盗窃高庙坐前玉环,落网。汉文帝十分愤怒,将罪犯交给廷尉治罪。张释之按照法律中盗窃宗庙御物罪判处弃市。皇帝闻听大怒:"此人无道,竟敢盗窃先帝庙器!我把他交给你治罪,想要你处他以族诛,你却借口法律规定来搪塞!"张释之取下官帽顿首谢罪:法如是足也。现在盗窃宗庙器物而处他族诛,假令愚民取长陵一杯土,陛下又何以适用法律?过了好久,汉文帝同太后谈及此事,称赞廷尉的做法得当。

张释之坚持依法而不是依君主喜怒处理案件,在皇权凛凛的社会,勇气可谓罕见。自古及今,不少论者对其大加称许,并不断有人援引他关于法律、君主、廷尉、百姓的关系的话来维护司法的独立性,影响不可谓不大。

从汉文帝这一面看,尽管"良久""久之"才承认张释之是正确的,毕竟能够明智意识到秉公执法符合君主的根本利益,到头来维持了张释之的判决,算是善纳雅言,让《史记》的读者都松了口气。自古以来,能够做到这一点,就可以视为明君了。

在"朕即国家"、主权在君的中国古代,司法官能否保有一定的独立性,取决于君主和上级官吏是否自我克制。这种没有法律确认和保障的"独立性",正如风中残烛,随时可能在君主的盛怒之下熄灭。

正因为如此,这一先例只能算是司法独立的"准先例",盖因张释之得到的,并非体制的司法独立,只是司法统制的"假期"而已。

[原文]

上行出中渭桥,有一人从桥下走出,乘舆马惊。于是使骑捕。属之廷尉。释之治问。曰:"县人来,闻跸,匿桥下。久之,以为行已过,即出,见乘舆车骑,即走耳。"廷尉奏当,一人犯跸,当罚金。文帝怒曰:"此人亲惊吾马,吾马赖柔和,令他马,固不败伤我乎?而廷尉乃当之罚金!"释之曰:"法者,天子所与天下公共也。今法如此而更重之,是法不信于民也。且方其时,上使立诛之则已。今既下廷尉,廷尉,天下之平也,一倾而天下用法皆为轻重,民安所措其手足?唯陛下察之。"良久,上曰:"廷尉当是也。"

其后有人盗高庙坐前玉环,捕得,文帝怒。下廷尉治。释之案律盗宗庙御物者为奏,奏当弃市。上大怒曰:"人之无道,乃盗先帝庙器!吾属廷尉者,欲致之族,而君以法奏之,非吾所以共承宗庙意也。"释之免冠顿首谢曰:"法如是足也。且罪等,然以逆顺为差。今盗宗庙器而族之,有如万分之一,假令愚民取长陵一抔土,陛下何以加其法乎?"久之,文帝与太后言之,乃许廷尉当。

老袁都惧它三分

清末以前，国人似乎未谙司法独立一说。昔者张释之力主廷尉办案须依律以断，不以皇帝之喜怒为转移，皇帝称是。释之曰："法者，天子所与天下公共也。今法如此而更重之，是法不信于民也……廷尉，天下之平也，一倾而天下用法皆为轻重，民安所措其手足？"张释之向皇帝进谏的这段话，广为传诵，后代官吏几乎奉为圭臬，但在专制制度下，司法哪里能够得到体制保障而获得独立？

清朝倾覆，司法独立成为民国学界和政界公认的政治和司法的基本道理。不幸的是，司法独立的烛焰常被置于风中，一开始就预示了它坎坷的命运。

杜保祺所著《健庐随笔》，书中第六十二则谈到宋教仁案，云：

光复之初，民气发扬，法界中人，亦多守正不阿，以气节相尚。宋教仁在沪被刺，上海地方检察厅侦知为袁世凯及其亲信赵秉钧所嗾使，遂均发票传之。袁以区区法吏，竟敢动虎须，大愤，乃于癸丑公民失败后，下令取消各地法院。如苏省原有地院五十八处，除沪、宁有关国际观瞻，幸获保存外，余俱撤废，而以县知事兼理司法。因是司法独立之精神，摧残殆尽。然袁恐赵发其覆，遂酖之死，未使非上海地检处传票之力也。

当时清政府被推翻，"恢复中华"，民国出现新的气象，不少人对民主和自由产生憧憬，因此"民气发扬"。法律界人士也是如此，不但法律现代化改革顺利推展，法律界人士也吸收了现代法律意识，并传承、弘扬了传统士人的气节，出现许多守正不阿的人士，他们以气节相互鼓励和影响，宋教仁案件正发生在民国社会人们对采行西方式民主政制和法制满怀期待之时。

案发在上海，上海地方检察厅展开侦查，侦查的结果表明，袁世凯及其亲信赵秉钧涉嫌嗾使，地方检察厅接下来的举动在法制成熟的民主国家本属顺理成章、不值得大惊小怪，但在中国，不仅令当时的人惊骇，就是过了几十年再翻开这一陈年旧案，仍令人震动。那就是：上海地方检察厅向总理赵秉钧发出传票，传唤他到上海地方检察厅接受询问和调查。按杜保祺说法，似亦向大总统袁世凯发出传票。袁世凯从清廷三拜九叩的政界一路走来，哪里料想检察官"区区法吏，竟敢动虎须"，当然大怒。大怒的结果是，下令取消各地法院，恢复县知事兼理司法的老做法，当时的法院除几处因袁氏顾忌国际观瞻从而保存外，其余的全都撤废。"因是司法独立之精神，摧残殆尽"。

看官可能疑惑：检察官捋动虎须，缘何撤废各地法院？盖因当时检法合署，检察厅附设在法院内，撤废法院并将检察机关连根拔起，谁曰不宜？

国运多舛，真的叫人无话可说。民国初年上海火车站，刺客的枪弹击中宋教仁的身体，事后证明，也击碎了国人当时对美式民主的最初幻想。实际上，这并非美式民主的破产，那个民主根本还没有实行就被扼杀了，何言破产？宋教仁遇刺，破产的只是对袁氏当国的期望。宋遇刺后，倘若条件具备,本来还可挽狂澜于既倒,不至于让独夫民贼独霸全局。那时倘若司法独立有充分保障,侦控与审判皆能贯彻始终,激浊扬清,惩恶伐罪,民主可得以保全。惜乎年轻的共和国立足未稳,司法独立尚在萌芽状态,国人何其不幸,与民主自由擦肩而过,命欤?!

读这段历史,稍感安慰的是:尽管司法独立昙花一现,并未使老袁被整垮,相反的,各地法院都被专制政府倒拔了垂杨柳,但司法独立却并非毫无成效,袁世凯担心赵秉钧揭穿他的老底,将他毒死,杜保祺所谓"未使非上海地检处传票之力也"。上海地方检察厅虽然失败,但失败中仍隐约可见司法独立的厉害,连袁世凯都还惧它三分呢。

# 彼拉多式司法

耶稣被控告煽动民众叛国、反对向恺撒缴税、自称是基督和君主,由罗马总督彼拉多进行审判。经过审问,彼拉多把祭司长、犹太领袖和民众召集在一起,当众宣布:"你们带这个人(耶稣)来,指控他煽动民众造反,但是我当着你们的面审讯过他,却查不出罪证。希律王也找不出他有什么罪状,所以把他解送回来。由此可见,这人根本没有犯什么死罪,我决定惩戒他一番,然后释放他。"这时群众却齐声高呼:"干掉他!"彼拉多很想释放耶稣,再次陈述他的立场。无奈他们一直极力叫嚷:"把他钉十字架!钉死他!"彼拉多第三次又问:"为什么呢?他到底犯了什么罪?我实在找不出犯死罪的证据,因此我要惩戒他一番,然后释放他。"民众越发大声叫嚣,要彼拉多把耶稣钉死在十字架上。最后,彼拉多在他们的吼声下屈服,批准了他们的要求。

没有证据,以民愤作为裁判的根据,这就是彼拉多式司法。

耶稣

这种裁判,乃司法制造的罪恶。耶稣之死,死于暴民之叫嚣、怒吼、诅詈,死于彼拉多对民愤的依从。

依据现代诉讼之基本原理,司法裁判必须建立在诉讼证据的基础之上,这已成为一项重要的诉讼原则,曰"证据裁判原则"。该原则的内涵并不复杂,却是人类经过长期磨难得以确立的,它排斥以神灵启示、主观臆断等反理性因素作为确认案件事实的根据,使裁判建立在客观实在、理性讨论的基础之上。证据裁判主义的对立面,是根据证据以外的因素认定案件事实、作出裁判,诸如以神意、长官意志、民愤、直觉等为裁判根据,皆可纳入它的麾下。

在司法中,属于检察官、法官自由裁量范围内的事项,如起诉与否、量何种何等刑罚,斟酌民意无可厚非,不必大惊小怪,如鉴于某一犯罪影响恶劣,检察官选择起诉、法官处以重刑,于理于法皆无违背;但并非所有事项,皆应为民意所左右,例如在法律羁束事项内,是否有罪,就不允许以民意主宰司法。

以民愤为审判考虑的要素,需注意是否与此原理相悖及是否可能造成对被追诉者不公的局面。我国之死刑案件,宣判时素称"不杀不足以平民愤",实以民愤为判决死刑考虑之要素。然而民愤有无、民愤大小,皆无须通过验明,皆凭法院之"自由心证"也,就颇不足取。

孟子曰:"左右皆曰可杀,勿听;诸大夫皆曰可杀,勿听;国人皆曰可杀,然后察之;见可杀焉,然后杀之。故曰:'国人杀之'也。如此,然后可以为民父母。"(《孟子·梁惠王下》)陈立夫在《四书道贯》中解释说:"杀一无辜,可能失去民心,也可能引起战争,故必须详细审慎。纵使左右皆曰可杀,诸大夫皆曰可杀,犹不能作为最后决定。必须国人皆曰可杀,再经过详察而后依法杀之。如是,则出之民意而无怨,其慎重如此。"实际上,这里强调者,在于国人皆曰可杀,并非就坡下驴立即杀之,还要"察之",察然后可杀者杀之,不可杀者仍然不杀,岂能以民意为裁决的唯一依据?

盖因司法仅以法律马首是瞻,不可依从民愤。群众易感易动,理性不足,以其情绪为裁判基础,容易作出错误判决。法国人勒朋曾谓:"兹应知者,群众无理性,务简单,易受感奋,轻于信从而已。""群众既易感易动,故人得易操纵之。夫以感奋奉诸凯旋台(Capitole)之英雄,亦可因感奋为投达便岩(Roche Tarpéienne,古罗马投罪人之所,在凯旋台之旁)之罪犯。罗伯别尔(今译'罗伯斯庇尔')失势之前,为巴黎平民所尊奉之神;及其赴断头台之时,同一平民欢腾诅詈于其车后。马拉(Marat)遗骸运至集贤墓(Panthéon)之时,群众喝彩之声不绝;数年之后,同一遗骸,为同一群众掷之于沟渠。"其无理性若此。"群众既未可以理喻,故引导人就其可感性印感之。若敌手亦用同一方法,则正义操诸呼声最强而最烈者。"

在审判耶稣过程中,彼拉多看起来似乎无奈。他发现耶稣的罪过并非是对罗马怀有敌意,因为犹太人对这些人并不憎恨;犹太人憎恨的,是耶稣深得民心的行为。耶稣深得民心而为祭司嫉妒,在场的群众不过是这些祭司挑唆鼓动起来的一群愚氓。彼拉多本来打算释放耶稣以取悦爱戴耶稣的群众,但他显然被眼前的场面震惊了。群众也很明察,见他"在情绪上就有了剧烈的变动,立刻愿意大喊大嚷,要巡抚刑罚这个自称为弥赛亚的骗子;他们这种变幻不定的感情,正是一般乌合之众再造这种环境下所流露的心理状态。"(《圣经新释》)为了"让众人喜悦",彼拉多最终放弃了法官的独立性,成就了永久的污名。

可怜的彼拉多!

国情也分好歹

1836年，俄罗斯的一份杂志《望远镜》发表了普希金的朋友、近卫军陆军中卫察雅达耶夫的哲学书信，信中有一段痛切、犀利的话：

> 我们的社会教育的最可怜的怪现象之一是：在别的国家，甚至在许多方面都不如我们这样有教养的其他民族，他们所久已识的真理，在我们这里却刚好被发现。这是因为我们一向不跟别的民族一起前进；我们不属于人类大家族中的一分子……这几世纪来人类思想的微妙联系，人类思想在世界上其他国家所达到的今日成就之历史，对我们都没有什么影响。在别的民族久已实现了的东西，在我们甚至目前还只是一种空谈，一种理论罢了……某种离奇的命运使我们同全世界的人类生活绝缘；为着要赶上别的民族，我们就必须"从头再受过人类的一切教育。我们眼前就有各民族的历史和各时代的运动的成果可以借鉴"。

这段文字，惊世骇俗。当初由于发表了这些书信，"最善意的"沙皇政府宣布察雅达耶夫为疯子，封闭了《望远镜》杂志，将编者放逐。这件事反倒证明察雅达耶夫所言不虚。

听了察雅达耶夫的话，想必国人也会讶异，因为"老大帝国"所患的病正与察雅达耶夫的俄国相同。

在近代史中,有天朝大国意识的中国人,对待外来因素常常表现出非理性的厌恶情绪,查尔斯·塞诺德曾说:"东西两方文明接触之时以为两方必能建立亲善之关系。然欧人与华人之间似有不共戴天之仇。所有构成欧洲文明之伟大事物如科学艺术宗教皆非华人所愿接受,至少其理解此类文明与吾人绝对不同。又华人有似故步自封,只愿保守其祖宗之习俗者然。华人见欧人之来深为疑惧,视之为邪恶之蛮民及骗子。"其实,不独中国如此,其他国家有时也表现出同样心态,例如乔治·卢卡奇曾经指出德国人的文化优越感:"妨碍民主传统在德国产生的一个重要的思想障碍就是越来越激烈的对德国历史的重大伪造。但在这里我们也不可能详尽地指出这些细节。简单地说,问题就在于把德国发展的落后一面加以理想化和'德国化',也就是在于一种对历史的描述,这种描述恰恰是把德国发展的落后性质作为特别光荣和特别符合'德国本质'的东西来加以颂扬,把一切资产阶级民主与革命发展的原理与结果作为非德国的和与德国'民族精神'的性质相矛盾的东西加以批判和拒绝。"这正是德国在 20 世纪上半叶走向反理性的表现和原因之一。

在中国,甚至表现出美化落后的倾向和表现,辜鸿铭之赞美小脚就是如此。因此,求得政治制度、法律制度、经济制度等的进步,"必须有允许文化有多元并存而发展的开放心胸。"(殷海光)不能抱残守缺、敝帚自珍。

有知名学者对官方在讨论各种社会问题时的种种直觉的反应进行了辛辣的批评,那些直觉反应实际上反映了近代以来国人对于外来事物的典型态度:

常出现的反应,尤其来自官方,是说:"那是西方的,不合国情!"这"不合国情"是个很重的大帽子,一方面骂人家崇洋,一方面骂人家不切实际,一方面也挡住了改革的呼求。什么建议或观念,只要加上"西方"的标志,就容易以"不合国情"来打发掉。而事实上,凡是"西方"的,不一定就"不合国情","不合国情"也不表示不能作。公德心不合国情吧?我们要不要公德心?近代民主是外来的,我们要不要民主?守法似乎也不合国情,我们要不要守法?

我国近现代的发展是外生因式的发展。外生因式发展面临着更多选择机会和对比资讯。在选择中会发现,解决同一问题的先进制度可能不只一个,先进制度也不一定完美无缺。在制度选择过程中,制度本身存在的优点和弊端是选择时主要考量的对象;同样,一项制度被引进后的适应性也很重要,国情为这种选择提供了另一重要的参照系。在进行选择时,不能全然不顾本国、本民族文化提供的可行性而进行空中楼阁式的设计。否则,一个绞尽脑汁设计出的完美的制度可能会在实践中折戟沉沙。一项好的制度,可能因司法资源的不足而难以推行;或者因民族特质而减弱在保障司法公正方面的作用。因此,国情中某些特殊因素可能导致一些制度在借鉴中不被选择,或者需要改造成为更具适应性的制度。

另一方面,国情有好有坏。对于好的一面应当有充分认识,孟德斯鸠在谈到法国的民族性时曾经感慨法国人的妄自菲薄:"我说他们藐视一切外国的东西,仅指无关紧要的小事;因为在重要事物上,他们似乎不信任自己,一直到妄自菲薄的程度。"这个欧洲最古最强的王国,十个多世纪以来,被不是它自己制定的法律统治着,如果法国人曾经被征服,那倒不难理解,但是法国人却是征服者。他们放弃了古旧法律,那是他们历史最早的几个国王在全民大会制定的。他们采用罗马法代替自己的古老法律,可是部分制定、部分编写罗马法的皇帝们,正和他们自己的古老的立法者们,是同时代的人。"并且为了完全采用外来事物,为了使他们的正常情理也来自他处,他们采取了教皇们的所有宪章,作为他们自己法权的新规章:这是一种新的屈辱。"不过,对于国情中不好的一面,应有更为清醒的认识,北洋舰队的兵勇可以将洗过的衣服晾晒在炮筒上,也表现了一种国情,恰是需要改变的国情。美国学者阿瑟·亨德森·史密斯博士1872年来中国,立足于山东与河北交界的庞家庄传教22年,对中国的文化社会进行了深入观察和研究,著有《中国人的性格》等书。鲁迅曾

孟德斯鸠

评价该书:"我至今还在希望有人翻出史密斯的《中国人的性格》来。看了这些,而自省,分析,明白那几点说得对,变革,挣扎,自做工夫,却不求别人的原谅和称赞,来证明究竟怎样的是中国人。"史密斯在《中国人的性格》一书中提到中国人作为一个群体的许多弱点,诸如"不讲求精确严密",他说:"与其他民族一样,中国人也可以学习一切精密的科学技术,但是应该注意到,就目前的资格来说,中国人精确严密还几乎是一个空白。他们根本不理解精确严密的重要性。""让中国人理解我们西方人精确严密的思考作风几乎不可能。"他还举例说:"对有关'国情调查'之类的表面上看来具有无上权威的种种记录,我们必须挤出他们的水分才能有所收获。"这一特点也

BY J. CHANG

是国情，我们有必要迁就、保藏这样的国情甚至使之发扬光大吗？

　　国情不是宿命的。它是变量而不是恒量，随着文化的发展和社会的变迁而发生变化，一项新的制度可能会促成这种变化。在对外来制度进行借鉴中，不能将国情作为静止不变的宿命来看待，使国情成为排拒外来因素的廉价借口，从而放弃了后进者的特权。中国在二十世纪初确立检察制度时就有论者以"与国情不合"为由加以反对，然而确立之后虽有坎坷，毕竟畅行无碍于今日。这说明，将国情作为选择的标准，应当对国情本身加以精密研究，不能将既存的一切不分良莠一概视之为不可动摇的神圣之物。

## 新权威主义的法制

权威主义,是"以个人权利臣服于国家及其领袖的权威为基础的一种社会—政治体制"(阿瑟·S.伯雷)。传统的权威主义以外,有新权威主义(neo-authoritarianism),主张实行政治上专制而经济上自由的政策,这种政策据称体现了亚洲价值,是亚洲国家经济发展的成功模式。新权威主义或者说亚洲价值观塑造的社会是效率取向的典型模式,可以被描述为"敬重当权者和愿意为了社会的利益牺牲个人利益",其经济特征被形象描述为"英明的政府官僚确定路线,而敬重当权者的勤勤恳恳的工人则辛勤劳作,创造国家财富"。

新加坡前总理李光耀铸造的新加坡模式力求为亚洲价值观建立一个成功典范。李光耀十分强调秩序,认为亚洲国家关心政治稳定,亚洲人民需要政府维持社会秩序,还认为新加坡这样的国家,成功的要素首先在于一个稳定的政治局势;其次是"有干劲,愿意付出代价,而又受过良好教育,并且训练有素的人口"。"没有稳定的政局以及合理和现实的政治领导,那就不可能谈到经济发展"。因为"在混乱的政治局面下,要争取那些教育水准不够的人民支持,往往得靠情感,而不是合理的辩论。结果,选出新政府之后,它也无从兑现所许下的诺言。人民在失望之余,暴力行动就发生了"。李光耀将政府建构的价值取向概括为廉洁、公正和效率。他认为有效率的政府的工具"是足够的受过训练的行政人员、工程师和技术人员；是足够的资金，是少有的工艺方面的专门人才"。

李光耀对反对党颇有微词，他认为反对党顽强好斗、吹毛求疵，总是提出根本办不到的主张，引起更多幻想和造成混乱，他说："一个反对党对于良好的政府来说，是没有什么不同的"。李光耀指出没有领袖能够保持软弱作风的同时希望能够生存，他说："我要说的是，无论领导作风如何，有时是有必要挥动大棒子的"。"我从来没有忘记这一点，有不良企图的人只对惩罚感到害怕。当他们认为你无法对付他们时，你就经常被迫施以惩罚"。李光耀支持1987年拘捕"马克思主义阴谋分子"和1988年重新拘捕其中多人，支持限制《亚洲华尔街日报》《远东经济评论》以及《亚洲周刊》的销售量，因为这些刊物"干预新加坡的内政"。

在集体利益和个人利益的关系上，李光耀告诫新加坡人："我们必须养成习惯，先照顾集体利益，然后才照顾个人利益。"李光耀还多次强调严密的法律才能产生井然的社会秩序，为了维护秩序，新加坡以公共安全法令拘捕政治犯和以刑事法律临时条款对付"私会党徒"，他特别强调新加坡所处的社会和政治情况使其认为有必要摈弃宣扬个人自由的英国司法模式。为了维护秩序，在某些形势、范围内有必要离开一些司法常规，"特别是一些有关个人自由的原则。"李光耀还提出"治安法纪重于民主"，"好政府比民主人权重要"的口号，提出亚洲社会从未把个人价值放在社会的利益之上，社会始终比个人重要。他还援引伦敦《经济学家》的话说"民主的前途还有待证实"。

新加坡模式被认为是成功模式，新加坡由一个小岛国变成世界上最有活力的贸易与金融中心之一,这一经济上的奇迹,使人们对它的批评显得黯然失色。

对新加坡的批评主要集中于民主、人权方面。旅居欧洲的台湾作家龙应台曾经撰文指出,新加坡的文化价值并不代表整个亚洲的文化价值,亚洲也有多种文化之间的丰富差异,不应被单一化、刻板化、集体化;"欧洲人注重自由与个人人权,亚洲人强调和谐与集体利益"不是一个盖棺论定的真相,即使真的盖棺论定,也不应该是、必须是新加坡(亚洲)人继续追求的前景。她还提出"自由与安全是否绝对矛盾",宣称:"给我再高的经济成长,再好的治安,再效率十足的政府,对不起,我也不愿意放弃我那一点点个人自由与尊严。"龙应台举例说明新加坡的司法状况:"客座于新加坡大学的美国教授林格尔,因为在《国际先驱论坛》上批评了新加坡的司法制度,惹得警察上门来,讯问了九十分钟。林格尔立即辞职回美,事后对媒体说,他不敢留在新加坡,怕被逮捕。"

趋势预言家约翰·奈斯比特称:"亚洲将成为世界的主宰地区,无论是经济上、政治上还是文化上。"但亚洲金融危机和印度尼西亚苏哈托下台使西方一些学者认为,虽然下个世纪亚洲将继续发挥巨大和至关重要的作用,但"从根本上说,旧的亚洲成功模式已经可悲地失败了。"亚洲一些国家的政府领导人仍然声称那些所谓的特别的亚洲价值观念是推动经济的强有力的动力,实际上它们是触目的缺点,对经济发展起到阻碍作用。特别值得注意的是,"关于'亚洲价值观念'的争论往往成为独裁政府存在的一个现成的借口",成为剥夺公民基本权利的掩饰之词。

BY J.CHANG

## 站 起 来 的 中 国 人

启发民智一直是现代化不可忽视的问题，与愚民政策正相反，实行愚民政策需禁锢思想，禁锢思想则民众庸懦，其结果是民众有信仰无理性，国家强社会弱，自由民主精神不能伸张。对于这一状况，解决之道便在于启发民智，解放思想。

中國人站起來

## 丧钟为谁而鸣

读小说,对于报丧,印象最深的是《红楼梦》。《红楼梦》第十三回叙道:已交三鼓,王熙凤方觉睡眼微朦,恍惚看见秦可卿,言语一番,秦可卿说了些"月满则亏,水满则溢""乐极生悲""树倒猢狲散"的话,说得凤姐"心胸不快,十分敬畏"。说话间"只听二门上传事云板连叩四下,正是丧音,将凤姐惊醒。"原来逝去的正是秦可卿。用来报丧的,是传事云板。连击四下,表明有人去世。

旧时西方报丧,多用丧钟。

英国诗人约翰·堂恩(1572—1631)有一首诗提到丧钟,颇有名,大意是:

没有人是一座孤岛,

可以自全。

每个人都是大陆的一片,

整体的一部分。

如果海水冲掉一块,

欧洲就减小,

如同一个海岬失掉一角,

　　　　如同你的朋友或者你自己的领地失掉一块：

　　　　任何人的死亡都是我的损失，

　　　　因为我是人类的一员。

　　　　因此，

　　　　不要问丧钟为谁而鸣，

　　　　它就为你而鸣。

　　此诗还有旧体汉诗译法，对比来读，颇觉有趣。恭录如下：

　　　　人非孤岛孑然立，

　　　　都与神州合而一。

　　　　土随水去地基小，

　　　　山平宅没大陆低。

　　　　人若亡故我亦少，

　　　　我与人人共一体。

　　　　若闻丧钟何须问，

　　　　为人也是为你击。

　　这首诗虽然简短，但含义深刻，表达了一种悲天悯人、推己及人的人生态度。海明威喜爱这首诗，把它放在自己一部小说的正文之前标明主题，小说也用诗中的一句话作为书名：丧钟为谁而鸣（for whom the bells tolls）。小说的背景是西班牙内战，当时美国志愿者罗伯特·乔丹奉命去炸毁一座桥，书中描写了三天内发生的故事。《丧钟为谁而鸣》是海明威写得最长的小说。

　　数月前，偶然在中央电视台 10 套《探索·发现》栏目看纪录片《丧钟为谁而鸣》，该片根据梅汝璈 1946 年远东国际军事法庭审判的日记制作，使用大量影像资料，拍得相当成功。几年前我读梅汝璈《远东国际军事法庭》一书，感觉收获很大，今日得睹记述远东国际军事法庭审判的影像资料，当然倍感兴奋。不过，片名《丧钟为谁而鸣》却让我颇感惊讶，如鲠在喉。我觉得用"丧钟为谁而鸣"作片名，是不恰当的。

据编导者自己讲："对于这部纪录片的片名，考虑再三，最终还是采用了最初《探索·发现》主编盛振华提议的名字：《丧钟为谁而鸣》。""之所以采用这个片名，是因为我自己本来就非常喜欢这个名字所隐含的意味。"可是，它究竟隐含了什么意味呢？这位编导语焉不详。

其实，这是错用典故的典型一例，非常碍眼。

"丧钟为谁而鸣"这个短语，已经成为西方社会许多人熟悉的典故，甚至成为一句成语。它含有悲天悯人的意味。王小波《从 Internet 说起》一文揭示："海明威在《丧钟为谁而鸣》中说过这个意思：所有的人是一个整体，别人的不幸就是你的不幸。所以，不要问丧钟是为谁而鸣——它就是为你而鸣。"也就是说，整个人类是命运共同体，别人的不幸就是你自己的不幸，这就是约翰·堂恩这首诗的主旨。诗写得并不晦涩，不大容易产生歧义。

天津电视台卫星电视频道曾经播出一期《这一周》节目，主持人评述伦敦爆炸案，云："伦敦人哀而不伤、直面生活的勇气确实很了不起。可能有人觉得伦敦的事情跟我们毫不相关，但是别忘了，恐怖主义是全人类共同的敌人，所有的死难者都有可能是代替你我而死难的，让我们重温英国诗人约翰·堂恩那句话：不要问丧钟为谁而鸣，它就为你而鸣。"这里引用约翰·堂恩的诗句就十分贴切。

纪录片《丧钟为谁而鸣》选用这个名字，却不伦不类。该片反映东条英机等大日本帝国的战争发动者被远东国际军事法庭审判，其中一些人最终被判处绞刑，得到应有的惩罚，怎么能用约翰·堂恩的"不要问丧钟为谁而鸣，它就为你而鸣"来表达主题呢？

编导者在一本与电视片同名、讲述这部纪录片内容和制作过程的图文并茂的书中，谈到约翰·堂恩的这首诗，说："在这首诗歌中，似乎让我们隐隐触摸到一种异乎寻常的博大与深邃，而且更蕴含了对人类生存状态气质非凡的警醒。"这话真叫人丈二和尚摸不着头脑：这么明白晓畅的诗，本用不着"隐隐触摸"，用"丧钟为谁而鸣"作一部描述远东国际军事法庭审判过程的纪录片片名，让人觉得编导者没有弄清楚它的确切含义。

初看这个片名，我以为编导者大概是要用"丧钟为谁而鸣"表达远东国际军事法庭审判为日本军国主义敲响了丧钟的意思，至少给观众之一的我以这样的印象。如果确实如此的话，倒不如用"帝国的丧钟"作为片名，倒还贴切些。

[原诗]

No man is an island,

entire of itself;

every man is a piece of the continent,

a part of the main.

If a clod be washed away by the sea,

Europe is the less,

as well as if a promontory were,

as well as if a manor of thy friend's or of thine own were:

any man's death diminishes me,

because I am involved in mankind,

and, therefore,

never send to know for whom the bells tolls;

it tolls for thee.

公 民 学

　　曾经读到一本美国出版的《公民学》课本,图文并茂,文字却很浅显,分若干章,包括学习有关公民的知识、国会、行政机关、司法机关、州与地方政府、权利与义务、政治运作、我们的经济制度等,后面还附有《独立宣言》和《美利坚合众国宪法》。这类初级读物在许多国家是很常见的,其要旨在于让公民了解自己的权利、义务和所在社会的政治、司法、经济制度,培养公民意识。

　　公民意识是一种现代意识,是在宪政体制下形成的具有普遍性的民众意识。这种意识体现为将自己和他人视为拥有自由权利的人,有尊严、有价值,并且能够勇于维护自己和他人的自由权利、尊严和价值,这种意识还包含公民对于国家和社会的责任感,但这种责任感来自权利本位而不是义务本位的政治与社会伦理观念,这是一个自尊和得到社会尊重的人的责任感,不同于奴化的人参与国家和社会事务的迫从感。德国法学家拉德布鲁赫在谈到审判公开性时曾说:"民众对法律生活的参与会产生对法律的信任,对法律的信任同时又是他们主动参与这类活动的前提","这曾是一个美好的梦想。罗马法的侵入给我们所带来的,较其他地区更为恐怖的'法律与民众间的异化',只能用一种方法消除:我们学校中的公民学。联邦宪法规定,公民学是学校中的一个课目。最终实现这一规定,是我们人民国家最根本的需要。"

已故学者李慎之曾痛切地感到我国民众公民意识之缺乏,他认为:"千差距,万差距,缺乏公民意识,是中国与先进国家最大的差距。"鲁迅在谈到中国的国民何以是一盘散沙时曾说过,这种结果是专制主义统治的"治绩"。李慎之认为:中国现在要赶上先进国家,要实行现代化,最重要的是要培养人的公民意识,使在中国大地上因循守旧生活了几千年的中国人成为有现代意识的公民。要提高国民的素质,办法在于实行公民教育。"从初中一年级起就实行公民教育",使之"学做现代化国家的'公民'。从不随地吐痰、不乱抛果皮纸屑,到坐公交车要礼让老弱妇孺……一直到懂得什么是政党制度、文官制度、懂得什么是权力的制约平衡、什么是司法独立,懂得什么是市场经济、法治国家、宪政国家……懂得以法律保护自己的权利和利益。"

启发民智一直是现代化不可忽视的问题,是与愚民政策正相反的做法。实行愚民政策需禁锢思想,禁锢思想则民众庸懦,其结果是民众有信仰无理性,国家强社会弱,自由民主精神不能伸张。对于这一状况,解决之道便在于启发民智,解放思想。

由于民众的民主素养和政治辨识能力对于国家的民主制度具有重要意义,美国学者将公共教育制度和选举权列为民主政府的两大支柱,通过公共教育制度使国民怀有"国家乃是为了最大多数公民个人的利益而存在,而不是个人为了国家的辉煌而存在"的信念,使他们认识到政府的基础在于大多数公民自由表示接受的法律原则和政治习惯、政府官员必须遵从这样的法律原则和政治习惯以及通过自由选举表达的大多数公民的意志、法律面前人人平等、宪法保证个人和少数派团体的权利和自由,使其不受政府机构和多数派团体的损害。人民有了这种意识,民主政府的大厦才不会倾颓。

在司法领域,具有公民意识的公众的实际参与,是司法取得民主性、公正性结果而不流于形式的重要环节。司法民主的重要表现,是实行陪审或者参审制度,允许民众直接参与司法审判。这些机制的良性运作是以公民的社会责任感为条件的。公民不关心社会正义在司法领域内的实现,不关心自己的自由权利,或者只关心自己的自由权利而不能推己及人地关心他人的自由权利,司法民主就会逐渐萎缩、凋零。所以,运作良好的司法民主的机制,一方面需要有这种意识的公众参与;另一方面也具有培养或者强化公民这种意识的能力。民众参与司法的机制建立以后,倘若民众缺乏权利意识,不但不能成为权利与自由的保障,起到对司法机构制约的作用,反而成全了一股来自民间的压迫力量。因此,公民意识的培养,对于司法民主和公正具有重要的保障作用。

关心司法民主和公正者,安能不重视公民意识之培养?

## 法律没有说

万花乡派出所一位没有穿制服、没有佩戴警衔标志的值班人员对前来采访的记者说："法律没有说夫妻看黄碟犯法，可法律也没有说夫妻就能看黄碟。既然有人举报我们就要严加惩处，我们没有错。"

这话并不是凭空而说的。不久前，一对夫妻被告发在家里私下看"黄碟"，该所民警接报后上门"扫黄"，引发了一场风波。

记者、编辑有闻必录，将这段话登到报纸上。

这位值班人员很可能是真诚相信自己的说法正确，所以说起来"理直气壮"，听下去"义正词严"。

然而，他的话却背离了政治学和法学的一个常识。

法律没有说（授权）的，就是禁止国家机关去做的；法律没有说（禁止）的，就是允许个人去做的。这在许多国家本来是家喻户晓的道理。早在1789 年 8 月，法国人就在《人和公民的权利宣言》第五条明确规定了这个原则："法律仅有权禁止有害于社会的行为，凡未经法律禁止的行为即不得受到阻碍，而且任何人都不得被迫从事法律所未规定的行为。"往上看，还有一条："自由就是指有权从事一切无害于他人的行为。"也就是说，自由不是绝对的，它的界限在于"无害于他人"这一戒律。但"各人的自然权利的行使,只以保证社会上其他成员能享有同样权利为限制。此等限制仅得由法律规定之。"

英国学者 A. J. M. 米尔恩亦言:"政府是根据实在法而建立的,其权力也来源于此,政府和被统治者在道德上都受'法律规则'的约束。""由于政府受'法律规则'支配,它维护和促进共同体利益所采取的手段,必须是法律授权的。"无论怎么说,这其中包含的道理很简单:政府的权力是有限的,法律赋予政府什么权力、权力的范围如何,应有明确的规定,只有这样,权力才不至于被滥用。

个人自由则不然。人的自由有三种,一是理性思考、综合说话能力等,这种自由是人类特有的,是"天生的自由";二是与智慧和美德相联系的自由,只有在其个人发展过程中已经获得了一定程度的美德和智慧的人才拥有这种自由;三是环境的自由,每一个人对这种自由的拥有情况会因时因地而有所不同,它完全取决于外部环境对他有利还是不利。自由的最常见的特征是出于自己的意志进行活动而没有物质障碍加以妨害,做到这一点,一个人就是自由的,并不需要法律特别赋予其权利。政府对个人自由提供的基本保障就是不去干预个人的自由,只要政府不加以干预,个人自由就可以得到实现。

米尔恩将权力分为监护性(custodial)权力和统治性(operational)权力两种,政治权力(立法权、司法权和行政权之合称)是监护性权力而非统治性权力,这种权力体现在"法律范围内自由"这一原则之中。也就是说,"法律对隶属于它的人们的活动加以边际约束。凡法律没有作出规定的,人们可以按照自己的选择和决定自由行动"。"法律范围内的自由权,它只受到服从法律这一一般义务的限制,它也是一种豁免权。你的行动自由有权不受干涉,只要这种干涉不是法律授权的,这是政治权力的监护性所固有的权利。"

我们的举手投足,一颦一笑,都没有法律根据

如果法律没有说,公民就不能去做,那么,自由就将不复存在——因为我们的举手投足,一颦一笑,都没有法律根据。

# 无罪推定滥觞于中国吗?

无罪推定被英国法官誉为"刑网上的一根金线"。

人们公认无罪推定的首倡者是意大利法学家切萨雷·贝卡里亚。1764 年,贝卡里亚在其名著《论犯罪与刑罚》一书中提出:"在法官判决之前,一个人是不能被称为罪犯的。""如果犯罪是不肯定的,就不应折磨一个无辜者,因为,在法律看来,他的罪行并没有得到证实。"

尽管如此,另一种可能仍然存在,那就是:中国儒家学说给西方启蒙思想者的启发,使无罪推定原则得以娩出。美国学者 H. G. Greel 曾著有《孔子与中国之道》一书,他在书中指出:"启蒙哲学与儒学有某些非常突出的相似性。因为它发生在十七世纪和十八世纪之间,而这确实是儒学逐渐有效地在欧洲知名的时期,人们势必要问的是,中国哲学是否启发了这些欧洲思想中的某一些?"事实上,在十七和十八世纪,"在德国、英国和法国,有大量的学者、哲学家和政治家受到了中国思想的影响"。"启蒙运动思想的某些非常重要的方面更接近于儒学而不是当时的教会思想……这个事实得到了启蒙运动领袖人物的认可和广泛声明。"明显的传播途径是:"耶稣会的传教士们,他们经历了最大的困难并怀着无上的才智,终于正好在 1600 年以前获准进入中国。这是个有学识的修道会,耶稣会士们利用他们的学识，在中国的文化圈中并且甚至在帝国朝廷之中，取得和得到了地位。他们作为天文学家(其中一人担任副司历的重要官职)、物理学家、外交人员甚至是大炮铸工服务于皇帝。一些人逐渐成为皇帝亲近的朋友。他们不仅讲汉语而且还能用汉语书写。他们也逐渐拥有了关于中国的直接本质性知识，后来的许多学者因此而对中国产生了羡慕之情。他们与本会成员保持着频繁的通信联系，其中的一些成员在当时的欧洲是最著名的人物。一些这样的信件出版成书，而另一些则成为著书的根据。"显而易见，"东方的发现开阔了欧洲人的视野。"

我国台湾学者李学灯认为，无罪推定很有可能是中国经籍西译的结晶。《尚书·大禹谟》云："与其杀不辜，宁失不经。"《书经集传》解释说："谓法可以杀，可以无杀。杀之则恐陷于非辜，不杀之恐失于轻纵。二者皆非圣人至公至平之意，而杀不辜者尤圣人之所不忍也。故与其杀之害彼之生，宁姑全之而自受失刑之责。此其仁爱忠厚之至，皆所谓好生之德也。"李学灯指出："中国的经籍，引起西方人的重视和深刻的研究，可以远溯及十六世纪。经籍的西译，则始于十六世纪之末。《尚书》为五经之一，于1626年译为拉丁文，刊印于世。自是以后，时历二三个世纪，又有法文、英文、德文诸译本，层见叠出。"《尚书》的翻译，在十七十八世纪已经有多个译本。"中国经籍的大量西译，对于当时思想界必有重要影响。其中《尚书》且经多次翻译，传布甚广。其中极为重要的思想，如前述重大的原则，应有深远的影响。""前述中国法官的名言，和以后在西方文献里表示这些思想所用的词句，不但在意义上出于同源，而且有些在文字上几乎完全类似。"

不过，无罪推定与中国经籍西译可能存在的这种关系，虽然可能性很大，但毕竟缺乏切实的证据，也就只好让贝卡里亚专美于前。

　　无罪推定原则在中国近几十年法学沉浮中命运多舛，1996 年以来才逐渐被广泛认同、接受。多年来，无罪推定的反对者把它视为西方资产阶级的专利，殊不知它也许正是中国的先贤学说在西方开花结果的产物。

　　倘若真的如此，倒像是历史隐去了一段链条，开了一场不大不小的玩笑。

BY J. CHANG

## 跪还是不跪，这是个问题

阿 Q 是个奴性入骨的人，鲁迅为他撰写的"正传"上说：赵家遭抢之后，阿 Q 忽然被抓进县城里去了。到得大堂，见到上面坐着一个满头剃得精光的"一定有些来历"的老头子，"膝关节立刻自然而然的宽松，便跪了下去了。"尽管两旁的长衫人物都吆喝说"站着说！不要跪！"阿 Q 似乎也懂得，"但总觉得站不住，身不由己地蹲了下去，而且终于趁势改为跪下了。"引得长衫人物鄙夷似地说："奴隶性！"

《阿 Q 正传》读毕，对这段文字印象很深：在大堂之上，面见老爷，须得采取跪姿，曾是天经地义的事，怪不得没见过太多世面的阿 Q 即使晓得新法，膝关节也不免有些宽松。当时读到这里，只觉得阿 Q 愚昧，却没有留意这跪与不跪之间，经历的是多大一场革命。

美国人何天爵于 1895 年著有《真正的中国佬》一书，书中特别提到"在中国的法庭里，高高在上坐着的是审判官，其他的官员及旁听者和观众等都要站立着。

塑造了中国文学著名形象
"阿 Q"的鲁迅

而犯人和证人则必须双膝下跪,两手触地匍匐在那里。只要审理不结束,他们就要在法庭上保持这种姿势。"这种情形在那时的中国法庭习以为常,毫不奇怪。但晚清时中西法律文化的碰撞时有发生,当诉讼中的当事人一方或者双方为外国人时,这一习惯做法就立即成为问题。

何天爵记述了这样一件他亲身经历的事:1873年冬季,两名居住北京的美国人因中国的一位包工头违反合同规定而与其发生争执,美国驻华使馆与总理衙门联系交涉后,交由总理衙门的一名官员和何天爵共同审理此案,当事人来到公堂之上,立即出现一个异常棘手的问题,这就是:在法庭上双方当事人到底应该站着,坐着,还是跪着呢?何天爵主张让他们都进来坐下算了,孰料中国官员听罢大为惊骇,坚决主张中国的包工头必须跪伏在地上,而且法庭上双方当事人要同等对待,因此那两名美国人也必须跪伏在地上。"在他看来,如果让原告和被告都大摇大摆地走进来,很神气地坐下,他们和自己不是没有什么两样了吗?那还有什么法庭的尊严?"但在何天爵看来,让两位美国自由公民跪伏在法庭上才是天大的笑话,那两名美国人都比他还年长,其中一位早已满头白发。他向中国的官员说明,在美国,法官即使向十恶不赦的罪犯问话,也只是让他站立而不是跪在地上。对于这种有辱人格的要求,根本没有任何考虑、商量的余地。经过一段长时间的激烈争论,最后双方同意各自按照本国通行的做法行事,于是在法庭上中国的包工头按照中国官员的要求跪在地上,两位美国人则站在法庭上……

这真是令人心悸的一幕,如果不是一位外国人记述下来公之于众,这桩"小事"也许早已随着岁月的流逝湮灭无闻了。那时的法庭,只知道法庭的尊严,却不知道诉讼当事人的人格尊严为何物。中国官员在司法传统的支配下行事，充满自信地坚持自己的要求直到不得不作出让步，他做错了什么呢？那位跪着的包工头也够可怜的，他是否知道在其他国家的法庭上，他可以像那两位美国人一样以自由公民的身份被尊严地对待，堂堂正正地站着？

文明与野蛮就这样对比着展现在同一个法庭不大的空间内，这样近，又这样悬殊，使变得文明了许多的我们回过头来感到震撼不已，我们真切地知道让我们的同胞在自己国家的法庭上站起来有着多么异乎寻常的意义。

也许，我们从此可以变得更聪明一些，知道在今后的司法改革中该坚持什么，又该改变什么。

## 主宰与敬畏

地位不同，职业不同，人心亦各个不同。

有一些地位、有一些职业，容易催生骄横的心态。

不同地位间，"长官"的头衔容易产生骄横，自不待言。君不见官场，一位前几天还有说有笑跟大家打成一片的人，一接到红头文件的任命，搬进宽大、独自享用的办公室，说话的口气就开始变大，祈使句就成了习惯用法。从开始发号施令的那一天起，他就不再是那个大家随便开玩笑的人了。对他，人们会很自然地生出几分敬畏，原因简单得很，我们的仕途还操纵在他手里呢，何必拿自己的前程开玩笑？

长官日日享用充满敬畏感的人们的拱卫，日日用对方谦卑的笑容来滋养自己的心情，自然会产生一种主宰感，骄横就在这一过程中生根、发芽、开花、结果了。

在不同的职业里，"警察"职业最容易萌生骄横。警察可以个个称作"警官"，警而为长官，甚是了得。君不见，穿上警服之前，说话和气、态度谦逊的有很多；一旦做了警察，说话就开始变得生硬，办事情就开始异常"果断"，脾气就渐长，"老虎屁股"就开始摸不得。办理案件的警察，整天面对的嫌疑人都服服帖帖，橡皮泥一样，想怎么捏就怎么捏，命运似乎完全掌控在办案人手里；面对的如果是交通违章者，对方也大多笑容可掬，赔尽小心，好话说尽，让办案人脸上虽然绷着，心里却是受用不尽。敢跟警察叫板的有几人欤？

对方的命运掌握在自己手里，这种感觉就是主宰感，这自然是一种很过瘾的感觉。时间长了，就养成一种职业心态：骄横。

骄横心态遭受挫折，往往出现强烈反弹，疯狂就立即取代理智。正是这个原因，在"靡费黄金"的一周，太原"好民警"打死北京"好民警"的惊人血案就隆重上演了。在这个案件中，死的是警察，打死人的是警察，彼此都不知道对方是警察。一个警察受了委屈，咽不下这口气，于是就斥责，就谩骂，"吃了亏"就打电话给社会闲散人员、刑满释放分子，用棍子向对方头上猛击。前段时间山西又有一起轰动一时的新闻：一群刑警暴打交警。联想媒体多次报道过的，有警察在非履行职务时被惹恼，拔枪向对方，当头或者当胸就是一枪——某些警察怎么就那么让人惹不起？

我们都愿意相信这些非常事件只是个别人的非常情绪反应，完全不是警察群体心态的浪花。我们也都乐于相信公安干警绝大多数是好的，不好的只是一小撮，但我还是想怯生生地提醒一句：警察这种职业很容易使人骄横，最好想办法不让这种骄横潜滋暗长乃至毁物伤人。

其实，警察并不是天生骄横的动物，老舍《我这一辈子》中的警察还受气呢。

许多人注意到，法治成熟的社会，警察是和蔼、谦逊、没什么架子的。香港凤凰卫视做过的一期《锵锵三人行》节目，还专门谈到美国、中国香港的警察在给交通违章者开罚单时被违章司机叫骂，以冷静态度维护了警察尊严，令人印象深刻。

　　事实上,任何一个国家或者地区的警察大多数时间面对的,都是草民。在草民面前,主宰感很容易生长。但许多文明国家的法律,注重对国家权力加以抑制,警察受到的监督很严,一旦侵犯个人自由、权利,往往受到惩戒,甚至惹上官司。这种社会中的警察,主宰感很难发育,文明的形象也就顺理成章形成了。

　　反之,如果法律注重国家权力淋漓酣畅地行使,却对于抑制国家权力规定不足,致使行使国家权力的人缺乏有效制约;在国家权力执掌者面前,个人权利不能伸张,侵犯了个人自由、权利也往往得不到制裁,对个人自由、权利的敬畏感就无从培养,官威就会格外膨胀,主宰感在官员的意识中就会盘踞不去。

　　要消除警察的骄横,药方便是:将主宰感转化为敬畏感。

从主宰感到敬畏感,这条路走得通吗?

BY J. CHANG

## 点名撞见"鬼"

台湾武陵溪先生著《孔子离婚及其它》一书,书中记载这样一个故事:民国时期,曾有检察官到监狱中清点人数。他拿着花名册点过一遍以后,发现有一个人没有点到,于是又点一遍,还是没有点到,定睛一瞧,那人白发白须,不禁惊骇起来,以为那人是鬼。斗胆一问,才知道原来是前清时县太爷家的一个仆人,因不慎打破一把茶壶,县太爷没想拿他怎么样,倒是太太不依不饶,非要把他送进监狱。县太爷见太太发了雌威,拗不过她,就将这个仆人关起来,遂了太太的意。没想到这一关就到了民国,要不是检察官来查监,还不知道什么时候重获自由。武陵溪不禁叹道:为一把茶壶,何至于此?大清之该亡,由此可见一斑。

今日之检察官读这个故事,可以有另一番思考,那就是检察官在嫌疑人被拘捕羁押后可以发挥保障个人自由的作用,以及怎么发挥这样的作用。

对于任何一个人来说,人身自由的重要性都仅次于生命权与健康权。可以说,人身自由是个人所享有的各种自由中的基本自由,是实现其他自由的前提。正是因为这个缘故,人身自由权早已成为一项宪法权利,并且在无罪推定原则之下,即使被指控有罪,未经法院依正当程序确定有罪,除非必要也不应剥夺一个人的人身自由。国家固然拥有为制止和追究犯罪而实施逮捕的权力,但逮捕必须依照法律确定的根据和程序,不能有随意性,而且一旦发生错捕应及时补救。这种观念在法治成熟的社会十分强固,美国学者彼得·斯坦和约翰·香德在《西方社会的法律价值》一书中这样说:"无罪推定原则要求不得剥夺处于审理过程中的被告的自由,除非有迫不得已这样做的理由。"

在近现代社会,对人身自由的保障是通过限制政府权力来达到的。在司法与行政分立的条件下,除了发生紧急情况,对人身自由的剥夺要由司法机关决定。警察机关拥有侦查犯罪的权力,如果再执掌与司法相同的权力的话,就会形成行政极权,对公民个人的人身自由产生莫大威胁,因此,对于人身自由加以剥夺的权力,是不能让渡给行政机关的。不仅如此,在案件发生后以及诉讼过程中,虽然司法机关决定对涉嫌犯罪的个人加以羁押,但羁押并非没有期限,解除羁押一般也不是行政机关可以自行决定的。延长羁押以及解除羁押,都应当申请原决定机关作出延押决定或者解除羁押的决定,这一做法体现司法权对行政权的制约。

在我国,在这一点上制度设计存在的疏漏,似乎最近才被注意到。

我国刑事诉讼制度中,逮捕就意味着羁押,逮捕与羁押没有截然分开。在侦查阶段,检察机关承担着对公安机关提请批准逮捕的批准权,对于自己认为应当羁押的人也拥有决定逮捕的权力。一旦由检察机关批准或者决定逮捕,延长羁押也要依法经过检察机关或者上级检察机关批准,但对于解除羁押,却没有必须经由原批准机关决定的法律规定。在这个环节,检察机关对于公安机关申请延长侦查羁押期限的,缺乏优良的机制启动适当调查,容易成为申请延押的橡皮图章;同样糟糕的是,对于不应解除羁押的,公安机关若将其释放,检察机关难以监督并适时加以纠正。

这就需要裨补罅漏,完善相关制度,诸如:

对于逮捕,被羁押者及其聘请的律师提出异议的,对于该异议,必要时可组织听证会,听取公安机关和被羁押者及其聘请的律师的意见,并调查相关证据或材料,检察机关在听证基础上作出决定。

对于取保候审申请,同样推行听证制度,以听证会的形式听取公安机关和取保候审申请者的意见,检察机关在听证基础上作出决定。

对于延长羁押,必要时也应当采取听证会的形式,听取公安机关和被羁押者及其聘请的律师的意见,检察机关在听证基础上作出决定。

对于侦查羁押期限届满,公安机关没有申请延长羁押期限的,检察机关应当监督释放被羁押人。公安机关可以将羁押改为取保候审或者监视居住。羁押期满而没有释放的,检察机关应当签发解除羁押通知书(停止羁押令),通知公安机关释放被羁押人。

对于侦查羁押期限届满,公安机关没有申请延长羁押期限而释放被羁押人的,公安机关应当报请检察机关备案;对于侦查羁押期限未满而释放被羁押人的,应当报请检察机关批准。

此外,我国还应当建立人身保护令制度。人身保护令(habeas corpus)本来是由法院(在英国,通例为高等法院)发出的一种命令。法庭以该令状限期命令接到令状的人(官员或者平民)速将他们拘禁的人交予法庭。该制度来源于英国,几百年前,英国国王有权不经审判将人投入监狱,监禁亦无期限。为保障人民的自由,英国建立起人身保护令制度。按照这一制度的最初要求,监管人员要把被监禁的人带到法官面前,法官对拘捕他的理由进行审查,如发现拘捕此人的理由不足,法官有权发布人身保护令命令释放被监禁者。法学家李浩培先生曾评价说："在现代文明国家中,最有效的保障人身自由的制度,是英国的人身出庭命令(writ of habeas corpus)。"这里提到的"人身出庭命令"就是人身保护令。许多年来,人身保护状已发展成为可以用来撤销违反宪法或基本法的任何监禁的一种补救办法。目前,许多国家的宪法或其他法律都规定了人身保护令制度。我国没有规定这一制度,对于超期羁押的问题,似乎并无行之有效的措施加以遏制,确立由法院对逮捕进行司法审查的制度,以便用一种公正、有效而又简便的方法对侵犯基本人权的行为进行纠正,不失为疗病良方。检察机关建立类似制度,强化对诉讼中非法羁押和超期羁押的监督和纠正措施,也不失为一项不错的替代措施。

BY J. CHANG

　　杜培武冤案的主角杜培武在接受记者采访时说,"想都没想过"一名警察也会遭受刑讯逼供。他提到,以前听说过刑讯逼供的事,"各地警方都有动手动脚现象,但这样残忍的行为","不敢想象"。

　　案件平反以后,昆明五华区人民检察院起诉书指控当初办理杜培武案件的警察秦伯联、宁兴华,称他们在昆明市公安局刑侦大队办公室,连续审讯不准杜培武睡觉、拳打脚踢或者指使、纵容其他办案人员对杜培武滥施拳脚,并用手铐将杜培武吊挂在防盗门窗上,然后反复抽垫凳子或拉拴在杜培武脚上的绳子,让其双脚悬空全身重量落在被铐的双手上。为阻止杜培武喊叫,用毛巾堵住他的嘴。罚他跪,背铐,用电警棍电击,逼迫其承认"杀人犯罪事实"和"指认"犯罪现场。

　　刑讯逼供大量、普遍存在,早已是公开的秘密。类似杜培武被刑讯的事实曾经一度只是日常现象,算不了什么。

　　这个事实被披露,是因为杜培武最终被证明清白。倘若被刑讯的人是清白的,刑讯才成为一个"问题",假如杜培武冤情未雪,人人都以为他就是真凶,谁还会注意他是否曾被刑讯? 当初杜培武被刑讯后要求检察官拍下伤情照片,开庭审判时虽经杜培武要求,检察院还是拒绝将照片呈堂。现在杜培武被证明是冤枉的,他遭到刑讯的事实才为公众所知。当今媒体公开披露的,几乎都是无辜者被刑讯的事实,鲜有被判处有罪的人被刑讯的事实被公开报道的事例,刑讯逼供的巨大冰山实际上还压在水面以下。

西谚曰:"人类一思考,上帝就发笑"。美国学者罗伊·F. 鲍麦斯特尔则说:"人类受难时,魔鬼就会发笑。"不过,我想,面对刑讯,魔鬼一定不会再笑。刑讯太多了,要是对每一起都笑一笑,再厚的脸皮都得痉挛。

刑讯为何如此盛行,许多论者不约而同罗列起原因,林林总总,可以摆满一桌。各种说法都有,最不靠谱儿的是封建时期滥行刑讯之影响,封建时期去今将近百年,即使有影响,也早就冲淡稀释矣,为何刑讯仍受其影响?其实,刑讯存在的根苗就在制度和人心。刑讯盛行的原因不过是,约束侦查人员的相应制度没有建立或者不够健全而已。没有健全的遏制刑讯的制度,即使未经封建时期滥行刑讯风气的"洗礼",刑讯仍然会蔓延乃至泛滥成灾。

刑讯本身是一种恶,它是作为一种手段存在的,刑讯的目的是获取口供来确认案件事实、惩罚犯罪人。问题摆在人们面前:能不能以恶的手段达到人们共同认同的目标?

刑讯付出的成本很低,收益却不小。有了刑讯手段可供随意施用,便可只稍稍动动力气、玩玩技巧获得口供,由此获得的口供不但可被法官采纳成为定案根据,还能引出公安司法机关不了解的事实、未掌握的证据,迅速推进案件进程,实现查隐案、破积案、打串案的目的,何乐而不为?刑讯者为自己的恶行付出代价的少之又少,久而久之,自然会强化办案人员依赖刑讯的心理,使刑讯一发不可收拾。

罗伊·F. 鲍麦斯特尔在其著作《恶——在人类暴力与残酷之中》中深

入分析了"恶"的根源,对我们探求刑讯行为的心理原因颇多启发。他指出:"恶的第一根源在它的工具性:它被当作一种手段,凭借令人反感的技术,来达成为大家所接受的目标。"那么,为什么人们要凭借恶的手段来实现可接受的目标呢?鲍麦斯特尔认为:那是因为人们认为合理合法的手段不可行、恶的手段通常比合法手段来得容易,"恶的手段能被应用是因为人们认为它们比其他手段可能更为有效。"

刑讯的确行之有效,至少对于达成刑讯者获取口供的目的如此。"相信任何人多少能够抵挡得住严刑拷打是幼稚的:在痛苦和伤害的无情袭击之下,身体几乎不可避免地崩溃。受刑者于是希望合作。随后便开始了一种残酷的游戏:拷问者不会告诉受害者招供哪些东西(因为他们自认为希望得知真情。迫使别人在一份假供词上签字通常不能容忍),但是在得到一份令人满意的供词之前不会停止拷打。受害者最终试着去猜测他们需要什么样的假供词,然后开始虚构各种罪行,拷问者将其忠实记录下来。"

拷问者不知道自己在做一件恶事吗,不会感到良心过不去吗?研究刑讯者的心理,才能窥见堂奥。刑讯者施行残酷行为的安慰在于一种道德上的优越感:对方是他认定的罪犯,刑讯有着高尚的目的。他们"之所以走向罪恶,是因为良好的、可欲的目标给暴力、压迫性行为提供了合理性论证。要是人们不相信目的可以证明手段,罪恶也许就不会发生了。要是他们用判断其目的的标准来评价其手段,罪恶也许会戛然而止。"人们最初也许倾向于"选择崇高的、无可指摘的手段来实现他们的目标。然而遗憾的是,这些手段经常是显得不够用、太慢、缺乏效率。前进的道路上,某些事情,或者某些人会成为成功的障碍,暴力则是消除这些障碍的有效途径。"

刑讯者属于理念型的恶之施行者。理念型的恶不同于工具型的恶,就在于前者相信目的可以证明手段,后者则不认为目的可以成为证明手段正当的证据。

刑讯者往往把刑讯的被害者看作罪有应得,甚至将被害者物化,即不把他们看作与自己一样有血有肉有情感有正常人际关系的人。"如果你的敌人是撒旦,你就不要再去顾虑一般的规则。"

有一些刑讯者以虐待为乐。"有迹象表明,虐待之乐与上瘾的体验颇为相似,那是一种越沉溺其中就越渴望得到的满足。""在大多数场合下刑讯只是警察的例行工作,目的是得到口供。的确,大多数行刑者也是这么认为的……但是,假如一个人经常行刑,他就会从中发现虐待之乐。一名乌拉圭中尉在接受《国际特赦》杂志(Amnesty International)采访时说:'相应的观念(刑讯只是合法目的的手段)消失了,变成为行刑而行刑……变成对囚犯的报复行为。'人们可能会预想到这一点:年轻的新手会显露出焦虑和不安,老的有经验的行刑者却保持着冷酷和职业化的态度。不过,很明显,新的行刑者也会随着时间的推移而变得冷酷和野蛮。"

刑讯是一种恶,像所有的恶一样,它造成这样的恶果:如果没有它,也许"人们是怀着强烈、积极的信念终其一生的。他们相信,这个世界在本质上是一块生活的乐土,生活基本上是公正的,他们也都是会得到善报的好人。进一步来说,这些信念有助于人们获得快乐和健康的生活。但受苦和遭难削弱了这些信念,使他们很难在社会中得到贯彻。事实上,一些创伤或者罪行的直接、实际的后果是相对轻微的,而在心理上产生的后果则会无止境地延续下去。肉体会很快在遭强暴或遭劫持后恢复过来,但心灵上的创痛会持续很长时间。这些心灵创伤的一个特征就是,受难者丧失了对这个世界是公平而祥和的等等基本信念的信仰，甚而丧失了对自己的信心，自暴自弃。"

也许，我们有必要记住鲍麦斯特尔的一个断言，那就是："为了崇高的目的而诉诸恶的手段是一种浮士德式的妥协，它经常是带来更多的恶而不是善。"

## 公堂上，穿着细事也莫等闲看

人的衣着有符号作用。曹靖华先生写过一篇题为《忆当年，穿着细事且莫等闲看！》的散文，记述的是旧中国"只重衣裳不重人"的现象。这种现象是：衣服把人分成了三六九等，人们根据衣着来对人的职业、贫富、个性作判断，穿着不佳或者不当，会惹来鄙夷、麻烦和晦气。过去上海人再清贫，也要保持一身体面衣服，每晚叠整齐，在枕下压出裤线，第二天光鲜地出去上班或者谋职，实在有其不得不如此的理由。

美国影片《一级恐惧》中，庭审前辩护律师会见被告人，一见面就问被告人的着装尺寸。看此片，大概没多少中国观众会注意这个细节；即使注意到了，大概也未必理解：对待一桩谋杀重罪的指控，辩护律师关注这一衣着细事究竟有何奥妙？这奥妙在于，在美国，由于实行陪审团制度，12个法律门外汉司法理性不足，被告人出庭，不能不穿一身体面衣服，以便给他们留下良好印象；免得让被告人的不佳形象误导陪审团，使他们产生被告人有罪的预断。这就是为什么在欧美国家的刑事法庭上，被告人往往穿着得体，即使平时衣着随便，此时也要穿得像个样儿。

倘若把刑事诉讼看作个人与国家的一场争讼，就不难理解为什么辩护律师在开庭前会就被告人的衣着提出建议，甚至为他提供一套合身的体面服装。一场司法审判,围绕被告人是否有罪和应处以何等刑罚而展开,对此国家与个人有不同观点,通过举证和辩论交由独立而中立的第三方——法院来裁决。辩护方要通过庭审活动打赢这场官司或者争取较轻的判决,当然不能让被告人穿得像个坏人。被告人衣服穿得让人一眼看去像个罪犯,这种符号功能对于职业法官和非职业法官,都会起到暗示作用,那就是被告人是有罪的。让出庭被告人衣着体面,是为了避免这样的偏见。既然被告人受无罪推定原则的保护,就没有理由让他在法庭上带上罪犯的"符号"——穿号坎儿、剃光头、绳捆索绑戴镣铐。因此,被告人出庭,可以西装革履,可以手执《圣经》(美国有一起奸杀案件就因被告人手拿《圣经》而激起被害人父亲的愤怒);并且,除非他有实际的危害行为或者有确实迹象表明他有发生危害行为之虞,司法审判中不可以给被告人戴戒具。法庭上这些外在的表现,与无罪推定的内在精神相契合。

十几年前我国台湾地区已有人注意到被告人的出庭衣着,张炳煌曾撰文要求"尊重被告人的权利"。他提到,在台湾地区的法庭上,被告人穿着汗衫短裤应讯颇为常见,而且在警察侦查破案会上嫌疑人戴着手铐、手拿大字名牌任人拍照,也屡见不鲜。他慨叹这种情形在欧美是看不到的,在那里"被告在法庭上则是穿着整齐应讯"。张炳煌呼吁:"在押被告出庭应讯时,则应有仪容整齐的机会"。财团法人民间司法改革基金会编写的《司法现形镜——平民司法50问》设问:"为什么在押(男)被告都要理平头、穿白内衣,穿的就很像'犯人',这样要让别人觉得他们没有犯罪都很难,为什么他们不能穿的和平常人一样?"对这个问题的回答是:"虽然看起来服装只是一件小事,但是适当穿着除了可以维护人的基本尊严外,也是'无罪推定'的一种表征。试想法官也是人,看到一方穿着邋遢、平头、上手铐脚镣,另一方却西装革履,会不会容易有先入为主,认为'一定是他做的!'这种偏见?"

我国大陆地区之法庭审判,被告人身戴戒具早已司空见惯,尽管最高人民法院早就对被告人出庭是否戴戒具作出过限制规定,但被告人桎梏出庭仍然十分普遍。至于出庭被告人的服装,更值得注意。我国刑事审判,在押被告人穿着看守所的号坎儿出庭,已成惯例。这种号坎儿一般为黄色,黄色本来醒目,上面还写有看守所的名称,看上去十分扎眼。香港作家李碧华撰文说,她曾见广东中山看守所的在押被告人出庭,号坎儿上简写"中看"两个字,不由地想起"中看不中用"的俗话,忍不住要笑出来。

近年来,我国一些法院已经注意到这一问题:2006 年,福建省厦门市中级人民法院在审判涉嫌贩卖毒品的被告人时,让被告人自主选择穿什么衣服出庭受审。在法庭上,被告人没有身穿囚服,而是穿着"便服"接受审判。这一做法,立即赢得好评如潮(当然,司法活动还有些事项需要进一步检讨,诸如被告人是否剃光头、法庭布局是否应当调整,诸如此类,可改进之处尚多)。此前在 2003 年 9 月天津塘沽区法院公布了 55 条为群众办实事的具体措施,其中几项为:法庭审判时,被告人一律不戴手铐、脚镣;司法警察提解、看押被告人时,要使用告知词;此外,刑事诉讼中,被告人提出请求的,还应为其提供用于记录的笔纸以及其他满足其人格尊严的便利条件。

被告人在法庭上穿什么,彰显一个国家的司法文明。拥有仪容整齐的机会,应当成为在押被告出庭应讯的一项权利。法庭之上,穿着细事不可等闲视之。当法官、检察官、律师都穿了法袍或者换装之后,我们是否也应注意到被告人的出庭着装?

# 我们还用"窜至"行文吗?

移送审查起诉意见书、起诉书和判决书,习惯使用"窜至"一词来表达犯罪嫌疑人、被告人"去""前往""到"某一场所的意思。对于这个表达存在的问题,我们习焉不察,没有觉得有什么大不了。

"窜"字用在这里含有贬义。"窜"字的繁体为"竄",穴下一鼠,有逃匿的意思。按《康熙字典》的解释,"窜"(去声)主要有如下义项:一是"匿""逃",例如"抱头鼠窜";二是"放""诛",例如"窜三苗于三危";三是"藏""隐";四是"改易",人们常说的"窜改"就是取的这个意思。现代汉语中的"窜"字与古义没有什么差别,也是"慌乱奔跑,逃走";"改动、删改文字";"放逐,驱逐"等意思。

按照这些义项学究式地审视,会发现,犯罪嫌疑人、被告人为了实施犯罪而去、前往、到某一场所,使用"窜至"一词是不通的;如果是为了逃避追捕而慌乱奔跑,逃到某一地方,用"窜至"才是贴切的。同样,"流窜作案"一词表达的意思如果不是在逃亡中作案,也与"窜"的本义相背离。

不过,文义通与不通还不要紧,人们一旦习惯于这样用,也就有可能被广泛认可。要紧的是,使用"窜至"一词表现了对犯罪嫌疑人、被告人的人格蔑视意味。一般人去、前往、到某一场所,就是"去""前往""到";犯罪嫌疑人、被告人去、前往、到某一场所实施或者预备实施犯罪，却是"窜至"，无异于直斥其为鼠辈。

这大概就是所谓"寓褒贬于一字"的春秋笔法。

然而，我们有必要做这样的褒贬吗？

对人及其存在的尊重，是现代法治的基本精神。在刑事司法中，即便面对的是十恶不赦的罪犯，亦须尊重其人格。在现代法

法官："……窜至……"

治成熟国家的法庭审判中，检察官、法官在向被告人提问时温文尔雅，并不剑拔弩张、咄咄逼人，他们时常以"先生"称谓那些被指控犯了罪的被告人，这样的场景给我国观察者以强烈冲击，使其感受到一种司法文明的浓厚氛围。

尊重犯罪嫌疑人、被告人的人格，不是抬高了他们的文明层次，恰恰是提高了执法者、司法者的文明品位，体现了刑事司法的文明程度。正如美国联邦最高法院大法官弗兰克·福特所言："司法审判要求绝对的平等，'这并不是出于对被告人的宽容，而是因为文明要求我们尊重任何公民，哪怕是最低贱的公民的尊严；这种司法审判提高了我们一切人的地位，而且树立起一种对政府的信赖的气氛。'"一场文明的诉讼，不但体现在犯罪嫌疑人、被告人的权利能够得到切实保障，而且也体现在诉讼语言的使用具有文明的性质。

诚然，不少犯罪嫌疑人、被告人真的是有罪的。但是我们指控他们的

罪行,不必侮辱其人格。在进行指控时,诉讼用语应当是文明的。在诉讼中,我们使用准确的法律语言,偶尔也使用带有感情色彩的字眼,如"残忍"之类,那是为了昭示犯罪行为的某些性质。但使用"窜至"一词来表达犯罪嫌疑人、被告人去往犯罪场所实施或者预备实施犯罪的行为却并非必要,这个词起到的作用只是对犯罪嫌疑人、被告人人格的贬低,无助于揭示犯罪行为的本质和特征。

在转变司法观念、强调司法文明的今天,还有必要继续用"窜至"行文吗?

# 闲读妙判

《吏学指南》云："剖决是非，著于案牍，曰判。"判而成文称为"判牍"，其文词称为"判词"。古时为官，少不了判案司法。判案司法就要起草判词，这是与功名攸关的实用之学，为官的基本功夫。若是实在写不好判词，就只好借重师爷，反正不能案子审完装聋作哑了事。师爷者，懂得刑名律例之读书人也，学名是"幕宾"或"幕客"。

古时判词似无程式要求，但功能特定，总要将官员的判断形诸文墨。官员文学素养的优劣，直接影响判牍的可读性。当时兼理司法的行政官员绝大多数通过科举考试获得官职，一般具有较高的文学素养。在容易写得很乏味的文牍中，喜欢小施雕虫技艺，这样写成的判牍，有的如文末的品题；有的如雅致的信札；有的虽只寥寥数语，却切中肯綮，足以释冤辨诬、惩奸伐恶、化解纠纷，故而这些判牍往往被誉为"妙判"。甚至诱得文学大家蒲松龄也一试身手，做了一系列"拟判"。翻开《蒲松龄集》，便可领略聊斋先生的拟判功夫。

古人下判，舞文弄墨，有时过重言辞文笔，读来满眼花团锦簇，目迷五色。不过，也有不少判词重在将道理讲清楚、说明白，今之所谓"说理论证"者也。乾隆年间王又槐论批呈词，说："要能揣度人情物理，觉察奸刁诈伪,明大义、谙律例。笔简而赅,文明而顺,方能语语中肯,事事适当,奸顽可以折其心,讼师不敢尝试其伎。"好的判牍应该达到这样的标准。

## 揭示裁判者的心证形成过程

裁判者心证的形成,建立在证据和事实基础之上。判决书对于证据和事实,不应简单罗列而不揭示这些证据和事实之间的内在联系。所谓"说理论证",应当以证据为依据加以推论,从而形成认定的事实。易言之,判决之说理论证,表现为对于裁判者心证形成过程的阐述。

判牍还要以事实、证据为凭依。在诸判牍中,时常可见妥帖的论证。如在关于一男子被杀案件的判牍中,承审官颜孝叔指出:"此一狱也,姑无论致命伤痕有额颅、太阳、胸膛、心坎等处,棍伤种种,尽堪立毙,而脑后紫红,仅居其一也。即本县简单,原称'棍伤者九、拳伤者三、踢伤者四、打倒撞伤者一',而未有一字及锄柄伤也。今据招称吃食确供者,有耳根一锄柄尔;乃简单但云'脑后紫红色,系打倒撞伤'。撞于地耶?亦撞于锄柄耶?即使撞于锄柄,然既曰'打倒撞伤',亦系以脑就锄,而非以锄击脑也明矣。人命以简而信,乃不凭简单,而凭痛迫之口供,捶楚之下,何求弗得?……"这一判牍既指出原审认定事实的疑窦,又直陈刑讯及轻信口供之害,就实而论,不涉虚妄。

清初名臣于成龙曾审理一起"强奸"案件,于成龙审理认为此案实为"通奸",乃写成一判牍,对自己的判断细加剖析,进行论证。此案之案情是:孙祥祥之女孙桂宝与孙和顺通奸。孙和顺是开绸缎铺的,自然有些钱财,故能每月补贴孙桂宝二十贯钱。孙祥祥贪图钱财,便眼睁眼闭佯装不知。不料一来二去孙桂宝怀上身孕,分娩在即,再装聋作哑已不可能,只好出面解决。先寻孙和顺私了，只因要价太高，协商不成，遂以孙桂宝名义一状告到官府，将通奸说成强奸。于成龙"细阅来禀"，认为"甚有可疑"，遂依判断作出论证，论证中将自己认为此案可疑之处一一摆出，晾出自己针对这些可疑之处的心证过程。

于成龙认为此案有四大疑点，判词针对状词论证曰："尔既于去岁五月内被对门绸肆之孙和顺强奸，何不即行报官请究，而迟至今日？既曰为保全颜面计，不愿伸张，然尔必告之尔父母，尔父母又何以亦绝无一言？然尔自被强奸后，与孙和顺仍朝夕相见，是否有何种表示？且孙和顺既敢强奸于当初，又何以不续奸于事后？此可疑者一。"这里的"尔"（你）指称的是告状人孙桂宝。文中提到的疑问是既然孙桂宝在去年五月已遭强奸，当时却不向官府告状，迟至现在才来告状，便有些可疑。当然，告状人自己所称是为了保留颜面而不愿声张，也有道理，但是，总要跟父母提及吧，怎么父母竟然也不发一言呢？孙桂宝此后还和孙和顺朝夕见面，孙和顺当初既然敢强奸，后来并无续奸，岂不可疑？另外，"汝自去年五月被孙强奸后，何以即有身孕？强奸是否即能成孕，虽不可知，然大体言之，似有不类。盖据传说，必男女两相欢洽，而后始能成孕也。此其可疑者二"。我读该判词至此，颇有些疑虑，于成龙以"传说"为依据提出怀疑，说服力似嫌不足。再往下看："汝父母既亦不知尔有被人强奸情事，则尔自有身孕后，腹渐便便，尔父母何以绝未瞥见？纵如来禀所言，天气渐冷，衣服渐多，父母不之注意，然无论衣服加至若干，而一至七个月后，绝呈异相。尔父或不之知，尔母万无亦不知之理。此其可疑者三。"这段质疑，建立在对怀孕后身体状态的一般规律性、常识性的认识之上，显然是有说服力的，从中亦可窥见告状者对于本案疑问的解释有难以自圆之处。不过，万一真有如此马虎草率之父母,又如何呢?于成龙接下来继续论证:"即退一步言,尔父母均未留意,尔自身岂亦不知矣?知之何以又隐忍不言,必待临盆后,而始向父母言及,并未投状请究乎?此其可疑者四。"换句话说,孙桂宝若非智力不足,当无此一异于常人之反应,当然令人生疑。于成龙进一步指出状词有语意模糊的地方:"且阅来禀,究不明汝意所在,欲将孙和顺究办乎?则何以又有一身无靠,乡党父母不齿等语。并言孙和顺尚未有室,真堪作正,是显见欲本县作伐,勒令孙和顺始乱终成之意。"看起来告状别有所图,用意并不单纯,何况"来禀中又有产子后,孙和顺只来一次等语,是更可见孙和顺未尝绝汝",因此"本县阅牍至此,愈觉此中有不可究诘者在……且本县反复深思,绝不信尔之受孕出自强奸。即带有强意,至多为强合和成,绝非纯粹强奸……若必诬告强奸,妄冀非分,则本县不难提及人证,切实审断,恐尔不特占不到便宜,抑且受重戾也"。于成龙在判牍中劝孙桂宝与孙和顺订定婚姻,一可以保全名节;二可以保全幼儿姓名,料那孙和顺不至于绝无天理,坐视不管,与之决绝。

我阅此判词,觉得此案并无复杂繁难,但于成龙条分缕析,确有说理之耐心,他把自己所怀疑以及有这些疑问形成的判断清楚地呈现出来,解释自己心证之形成过程与依据,很有逻辑性,想必告状人阅此当哑口无言。不仅如此,于成龙并不是简单粗暴将此案驳回了事,而是讲明利害,为孙桂宝指条明路,做父母官如此,算是苦口婆心了,孙桂宝哪里还会涉讼上访呢?

古人判词,对于事实的认定和证据的采择常有分析,如李鸿章在一起寡妇告侄子强奸幼婢一案所作判决中,以《洗冤录》为依据进行判断:"遍查《洗冤录》,淫奸幼女,只有验证,而无验伤。此盖明谓十龄以下之幼女,不奸则已，奸则必死。未有奸而伤，伤而尚可以验也，此案独以伤闻，此可疑之点也。"又如端方办理的一起钱吕氏控告儿媳杜氏谋杀亲夫钱少卿案件，案件有一重要情节：钱少卿年关时坐阿掌的船去乡下收账，黄昏时离家，杜氏睡到天明，忽听门外连声高叫"新娘子开门"。开门一看，正是阿掌，阿掌急迫问钱先生何不上船。杜氏大吃一惊，遍寻其夫未果。阿掌教唆钱吕氏向衙门控告儿媳杀人。此案县令昏聩，将杜氏刑讯。杜氏的父亲赴省告状，端方审理后依据情理作出判决并加以论证："讯得钱杜氏伉俪情深，何从起杀夫之念？钱吕氏年居四十，身为寡媚，不应华服浓妆；更证诸船户阿掌敲门时，口内大呼新娘子，盖其意中已知钱少卿不在家，故于无意中泄露口风。"原来钱少卿已经为阿掌所杀，"及至提阿掌严鞫，供认谋毙少卿，沉尸于河，并与钱吕氏通奸三载，既污其母，又杀其子，属罪大恶极"。端方将事实查清后作出判决，连县令也得发落，革职了事。

### 阐明裁判依据的法律规定

对于各种案件，应当依据法律加以处理，判决要说理论证，需要揭明这些规定并结合本案加以说明，使案件处理的依据一目了然，避免再生争执，使案件涉及之社会关系由紊乱而安定，达到司法之解纷止争的目的。且借随园老人袁枚的三则判牍一探究竟：

一则是针对一起立嗣案而作出的。该案是这样的：沈金氏年方十九就守寡，人生已属不幸，而且她年虽青春，却执意要为亡夫守贞操，在当时是颇为可敬的行为。不过，说归说，毕竟青春年少，一有心中属意之人，难免心猿意马起来。她与一位年少儿郎有了感情，此人不是外人，乃是她的远房侄子。怎样过上双栖双飞的日子呢？沈金氏灵机一动，想以立嗣之名达到与之结合的目的。为了堵住众人悠悠之口,她收买一位师爷为她起草了一份状子,希望官府为其做主。袁枚当时为该县太爷,接到呈文后写下这样的判词:"律载凡夫亡无子者,准择立族中昭穆相当者为嗣子。依亲疏为先后,不得紊乱。今尔所欲立者,是否昭穆相当,是否最为亲近,如果是也,何必秉官立案。如曰非也,本县亦碍难遽予批准。"这里"昭穆相当"之所谓"昭穆",本义是明晰细小的裂纹,引申为"相邻辈分之间的界限"。袁枚这一判决,先引用裁判依据并以之为论证之大前提,再以本案加以对照,提出质疑:"尔今年十九岁,所立之嗣子,年二十一。反长尔两岁,母少子壮,在事理上既不能谓其无,在律文上自亦不能禁其有。唯该氏族中,除一母一嗣子外,尚有何人,何以禀中不为提及?且何以不先得族长房长等同意,而昧然禀官?凡此种种,悉是疑窦。"袁枚没有从"母少子壮"的事实直接否定立嗣之合理合法,而是承认在事理和律文上并非绝无可能,只不过,直接向官府禀告且状子未提及氏族中尚有何人以及不先得族长房长等同意确实颇为可疑,怎么处理呢?袁枚判决"清官难断家务事,本县不便预为处治",还是交由族长房长等商议好了。这一判决在逻辑上符合演绎法,通篇是在论证自己最后裁判的依据,隐含的意思是,官府岂肯为人利用?

还有一则也是立嗣案。沭阳巨富刘槐没有子嗣,年过七旬,众人劝他从侄子里选一人立嗣,他倒是很喜欢远方侄子刘宏德,有心将他过继过来,但刘敬书才是嫡系,只是不太孝敬,因此迟迟未下决断。直到临死,他才立下遗嘱,立刘宏德为嗣子。在丧礼中,刘宏德当孝子捧灵,刘敬书不忿,来抢灵牌,闹得不可开交,上了公堂。袁枚就此下判,也是先从上文同样的法律依据着手进行论证,这一法律依据正是刘敬书起诉的理由:"查律凡无子者,应以最近昭穆相当者之子为嗣子,不得紊乱。此刘敬书呈控之理由也"。不过,刘宏德也有法律依据为自己的理由:"又查律凡无子者,得于应嗣者外,别立钟爱者为嗣。此刘宏德所持有之根据也。刘槐在日,既极钟爱宏德,视若己子,而临没又遗命立之为子。则于律刘宏德入嗣为刘槐之子,并无不合;但刘敬书在昭穆上为最相当之人,自应与刘宏德并嗣,以别亲疏而合伦常。仰即遵照,毋再生隙。"以袁枚判断,刘宏德和刘敬书可以并为嗣子,不必再争执。裁判至此,似乎已可作结。但袁枚接下来点名此案的症结乃在刘槐为巨富:"故该两造各持一说,争为之后。使刘槐不名一钱,无一瓦一陇以遗后人者。尔曹更亦出而如是争执乎?抑各自推诿乎?"说穿了,争来争去不过是为了钱罢了。袁枚对此表示理解,称"世道衰微,贤者不免"。他进一步解释为何判决两人合嗣——"所望合嗣者,本兄弟怡怡之旨",殷切期望他们"勿负吾意,其喻斯旨"。这些论证不但阐明法律之适用,而且将自己判决之良苦用心明白写出,颇有人情味,不知刘敬书闻判,心中会不会有一丝愧疚?

还有一例,案情颇为简单:沭阳有个秀才,名唤孙文定,虽然腹有诗书,却家徒四壁。因欠债无法偿还,竟被马夫陈春春暴打。众人将陈春春扭送到官衙。袁枚审过之后作出判决:"审得陈春春殴辱生员孙文定一案,据供孙曾欠陈春春钱三十千,屡索无着,反被辱詈,一时愤急,遂奋拳相殴等语。询诸孙生,供亦相同。孙生学富五车,历拥皋比,乃时运不济,寒毡难暖,致门前有债主之逼,户内无隔宿之粮。一寒至此,为之三叹。陈春春殴辱斯文,本当加杖。姑念出自情急,实非得已。且衅非彼开,伤不甚重。从宽罚钱三十千,聊当杖责。孙生所欠陈春春债款三十千,即以陈春春罚款抵销,不必再偿。"这里先从陈春春陈述叙起,再指出孙文定陈述与之一致,从而认定案件事实。接下来叙述孙文定个人情况和困境,表达同情之意,然后指出陈春春殴打侮辱行为应当杖责,但有从轻发落的情节,可以从宽处罚(罚钱三十千),并与孙文定欠债抵消,就此作出全案处理。判决到此本可以结束,但袁枚又继续写道:"本县怜才有志,养士无方。心劳致绌,言夸力薄。邦有宿学,竟令潦倒至此。一夫不获,时予之辜。是真为民父母之责。"这简直就是一篇自我检讨,且有整改措施,"捐俸百千,用助膏火。青灯黄卷,墨榜锦标。脱颖有时,毋堕厥志。明年丹桂飘香,当贺子于鹿鸣宴上也。仰尔努力,勿负吾意。"县太爷不但对孙文定进行了一番勉励,居然还破钞捐助他读书上进,令人大开眼界。

再看刘耀薇就强盗劫财伤人一事所作判牍引律而论,云:"凡人少而无凶器谓之抢夺。李二一案,人赃俱失主拿获,盗情逼真,初审亲供伙贼四人,即失主也供四人,狡饰咬扳,将谁欺掩?当日弓刀马匹,失主供之甚真。其未经追获者,彼积贼正恃狡顽,欲留今日之辩窦耳。承勘官但图草草了事,希解缉盗之案,独不思既无凶器,董凤宇耳边刀砍凭何中伤?看语云:'绒帽,公共之物,难执为失主之物。'本官更何所据,而知非失主之物?岂当日亲炙之不真,而今日悬揣之反确耶?仰速秉公确审如律缴。"这一判牍从律例入手,连发数问,然后决定驳回案件,责原审判官再审。想原审判官读来应当哑口。

读古人判词,常觉人情味十足。儒家式司法,重在不违律令而又合乎情理,从这些判牍中可以饱览。袁枚为官一任,处理案件颇有心得,其写过一首诗,叙述自己为官之道,其中有两句耐人寻味——"狱岂得情宁结早,判防多误每刑轻",意思是刑事案件难得都能发现真相,不如早一点了结,不要淹留;判决常常发生错误,为了避免错判带来的灾难,量刑时可适当轻缓。我们从袁枚的判词中,也能够体会到他做官的风格和处世的态度。

## 判决书的个性与文采

古代为官者绝大多数是文人墨客，写得一手花团锦簇文章的不在少数。古代选任官员既有标准也有办法。元代徐元瑞在《吏学指南》中从行止(修养)和才能两个方面列举了选任官吏的标准，认为官吏的行止应当包括以下各目：孝事父母；友于兄弟；勤谨；廉洁；谦让；循良；笃实；慎默；不犯赃滥。官吏应当具备的才能包括：行遣熟闲；语言辩利；通习条法；晓解儒书；算法精明；字画端正。这些标准中虽然未明确提及言辞文笔，实则科举考试，便须考察言辞文笔，明清不必说，隋唐宋元更是如此，因此从古代官员的判词中找出精彩绝伦的锦句，并非难事。

读古人判词，发现不少判词文采飞扬，可以当骈文和散文之类文学作品来读，而且那时的判词不限制个性，文采好的，可以大显身手。读古时判词，发现其中多为对偶句，我们可以随意拮取几例以观风采：

胡林翼就一起抢亲案件所作判词中有如下对仗句子："鸳鸯枕上，早应开并蒂之花；合欢被中，何尚待双飞之鸟？虽说家贫，不妨遣媒人代为说合；邵家体谅，怎能有琵琶别抱之心。洞房花烛，只是欢庆之举；鼓乐亲迎，古籍原无记载。恩恩爱爱，寒窑与华屋争辉；卿卿我我，骑牛与跨骏何异？抢亲过于粗暴，情有可原；悔婚于情不合，不能采信。"

袁枚就一起离婚案所下判决中有这样的句子："渔郎问渡，清泾与浊渭同流；神女为云，鸟道与羊肠莫辩。奠我疆于南亩，何丛界判鸿沟；启密钥于龙门，势且凿残混沌。虑乏邓攸之后嗣，遽效翁子之当年。琴瑟伊始，胡为伉俪情乖；岁月几何，安见熊罴梦杳。"这分明是美文，竟是判词的一部分，今日读来真感错愕。

古时判牍时掺虚论,如一姣美的女子因被燕客所幸,燕客之妻不能相容,燕客又不能保护,遂自杀身亡。李鸿章所作判牍,起首便道:“婵娟碎玉,悍巾帼诚云厉阶;嫱婉埋香,莽须眉厥为戎首。盖雕梁本隘,鸾栖则雀蹄;芳露虽奢,蕙沾而蓬叹。酷间余辜,忌奚深怪。若夫倖拥慧姿,有惭情种。问骚雅固无有乎尔,语温柔亦莫知其乡。莺笼深院,携柑之酒翻赊;鸦啄芳林,护花之铃靡设。遂使愁娥陨翠,虚留怨叶题红。如哀哀越娥者,吾恨恨燕客也。金屋岂其贮娇,怅矣飘茵堕溷;纨扇徒尔工赋,嗟哉向犊操弦。既乏爱情,妒鸥比鹑羹以疗膏肓;复昧款曲,啼颜学珍珠而慰寂寥。”噫!这段文字,更见文采,不要说今日之裁判者已经写不出,就是念起来都认字不全。不过,文字虽然精美,却多少有借题发挥之感,作为实用文书来说未免太过,作为文学作品来读,倒是沁人心脾。

古代官员作出判决,判牍中可以用典,可以活用成语俗语,并无限制。因此,那时裁判有着明显个性色彩,官员或者师爷制作判牍,公布前不必由他人审读核准,自然想怎么写就怎么写,个性孕育其中。

古时有一些判词,“以仲由折狱之长,杂以曼弦诙谐之笔,妙解人颐”,引得人们争相传诵。樊山有数则判牍,读来令人发噱,如“疯秀才又来矣。疑义不能析,尔之恨也;奇文共欣赏,我之幸也。语云:心病需将心药医。本县不会医病。缠我何为?”(批生员刘瀚章呈词)“尔昨日递一呈,今日又递一呈。写呈不要钱乎?这是何苦。”(批张万智呈词)“如此胡说,罕见罕闻。孙凤诏将尔马槽拿去,尔即坐视驴子饿死;万一拿尔饭碗,尔岂不全家饿死乎?控称被殴成伤,候验伤再夺。”(批孙树吉呈词)“欠钱不还,彼此争殴,事所常有。至称尔伙被殴,失没钱帖十一串,则是代书故套,所谓‘八戒上城,倒搭一耙’是也。候验伤再夺。”(批史合义呈词)原来判词也可以这样写来！

不过，也有一些"妙判"并不妙，如这则判牍，以貌取人，颇不值得赞赏："看得杜瑜形类山獠，心怀狙诈，借乡民赛社，为公庭斗讼之媒……"樊山批杨光申呈词也云："王天作形同豺狗，心似毒蛇。本应处以极刑，姑念……"殊不知相貌与案件事实有无、证据可信与否以及是否构成犯罪、构成何罪、应处何刑并无必然的关系，言之何益！又如樊山批秦杨氏的呈词，流露出官老爷的专横意识，也不足取："尔流荡在外，无耻已极，尚敢一再呈牍，尔不知本县善于打人，并善打无耻妇人耶？"读来真觉背寒。

当然，古时判牍也不是没有可检讨之处，但今日读之，还是令人赞叹者多。南怀瑾曾言："读判牍，可了解古人的才华，认识历史社会的演变，了解古今法律的异同，因而更透辟地了解历史，鉴古知今，洞彻人情世故，当作短篇小说或电视影剧来看，也是一大乐事。"闲来无事，翻翻古人判牍，确有同感。读古之名臣判牍，还可领略其"胸有经济，通达时务，笔有文藻，肆应不穷"的神采，真可谓开卷有益，馨香满室。精短判牍，篇幅虽小，实不可以小视之也！

今之判决，承办人起草，领导审核，不可用典，不可炫示文采，不可带有个性，甚至不可多言，以免言多必失。判决书遂千篇一律，不可能有文学性存焉。更要命的是，当今判决，虽然文书篇幅有所增加，但只是概括罗列案件证据情况，不能依这些证据进行推论，也不揭示采纳意见或者证据的理由，不解释心证形成过程，名为说理论证实不见说理论证。古人判词，可以给我们一些启发。

# 法治不在线

中央电视台和北京电视台各有一个强档节目,都以法治命名,一曰"法治在线";一曰"法治进行时"。在倡导"法治"的当代,这样的名字既合时宜,节目的收视率也不坏。笔者即使闲极无聊,对那些时装与古装的恶俗肥皂剧也是不屑一顾,对这两档"法治"节目却青睐有加。

这两档"法治"节目主要披露警方在侦查中的成功案例,兼及法制宣传,大量的影像展示的都是:警察经过"缜密侦查"查获了犯罪嫌疑人,在通衢陋巷、屋里床边,一拥而上,揪头发,拧双臂,将其抓捕归案,于是人心大快,大快人心。这类节目的主持人常常以钦佩口吻述说警察如何辛苦如何机智如何果断,犯罪嫌疑人如何狡猾如何凶残如何机关算尽到头来搬起石头砸了自己的脚,最后义正词严宣布犯罪分子必然受到法律的严惩。看得多了,时常在想:侦破案件,将犯罪嫌疑人抓捕归案,然后判上长长短短不等的刑期,这就是"法治"吗?

英国学者戴维·米勒等人尝谓:法治"这个概念在使用时具有各种不同的含义,很难加以界定"。所以,谈到法治必须首先明确其所指。中国自古有"法治"一说,但最初的"法治"乃商鞅韩非式的"法治",贺麟称这种"法治"厉行铁的纪律,坚强组织,急近功,贪速利,以人民为实现功利政策的工具;以法律为贯彻武力征服或强权统治的手段。以奖赏为引诱人图功的甘饵;以刑罚为压迫人就范的利器。这种法治有时虽然可以收到富强的速效,但上养成专制的霸主,中养成残忍的酷吏,下养成敢怒不敢言的顺民,或激起揭竿而起的革命。此种"法治"刻薄寡恩,与现代"法治"绝不相侔。萧公权尝谓:"法治与专制之别,在前者以法律为最高之威权,为君臣之所共守,后者为君主最高之威权,可以变更法律。持此以为标准,则先秦固无真正之法治思想,更未尝有法治之政府。秦自孝公(前 361—前 338 在位)以来即用商韩之法。吾人若加以分析,其重要之条目不外尊君重国,勤农务战,严刑必罚,明法布令诸事。其中无一端足认为法治之主旨。前二者固无待论。严刑明法,似与法治有关。然商韩所谓重刑,李斯所谓深督,皆失法律之平,为近代法律之所不许。明法布令,制定条文,而宣示大众,又为任何政体中不可或缺之政事。以此为法治,则凡政府皆法治,岂秦之所得专美。"

现代法治,实为"法律主治"(rule of law),指的是法律是被人格化了的治理国家的主体,而不是由某一个人或者某一群体使用的工具。所有的人——包括立法者——都在法律的治下。所以,"法律主治"指的是:"法治不单指用法律来统治,也指被法律所统治"。

上述两种"法治",表面上都存在一整套法律制度并欲严格遵守之,但真正区别乃在于法律之上有无更高的权威。戴雪指出,"法治"意味着排斥武断的权力,按照这一特性,人民不能无故受罚,只能由普通法院依法律的正当程序(due process of law),查明其确实破坏了法律,并依据法律对其身体或财产加以处罚;另外,"法治"意味着官吏和臣民受到普通法院执行的普通法律的同等制约,所有在职官吏,自内阁总理以致巡视或征税差役,倘若违法，一律与庶民同罪，它排斥政府行为享有的特殊豁免权或对涉嫌政府官吏的案件加以特殊制裁。戴维·米勒等人指出："法治"还被用来表达正义特有的诸概念，与"正当程序"、人权、宪政紧密相关。在现代，"法治"包含一系列"宪法权利"，诸如：维护言论、迁徙自由和宗教信仰自由、确保平等保护以及规定反对歧视，此外还包括对正当法律程序、公平的法律程序、公平审判、自然正义、司法独立和为了加强法律赋予的权利而诉诸法院的程序保证。"法治"还与"有限政府"的观念紧密相关，所谓"有限政府"，并非是指每个政府不能拥有特别权力，法治的要求是，政府拥有的权力不能超出"必要"的范围。法治是与"可以随意运用的权力"不相容的，在法治社会，权力必须受到限制，这要由明确的规则来完成，法律必须有足够的内容，去防止法定权力的滥用，政府的所作所为必须有法律的依据。

香港学者陈弘毅将"法治"的不同元素从最低的、最简单或原始的阶层到更高的层次列举为十项，即：社会秩序和治安；政府活动须有法律依据；行政权力是受限制的；司法独立；行政机关服从司法判决；法律之下人人平等；法律应符合一些基本的正义标准；刑法合乎人权；人权和自由得到保障；人的价值和尊严受到法律和国家的尊重。我们所看到的"法治在线"和"法治进行时"所展现之"法治"，不能谓与"法治"无关，但从现代法治的角度观察，却都属于最低层面的"法治"，即唯有社会秩序和治安而已。倘若以为这就是"法治"，才是真不知"法治"也。

在"法治在线"和"法治进行时"节目中，我们几乎看不到现代法治精神的展现。搜查、拦截，除了大喝一声"别动，警察"，看不到出示有效证件；入室抓捕，也见不到出示任何令状，往往突然闯入，一拥而上，更不必顾忌昼昏晨晓。例如，2006年2月9日"法治在线"播出的一期节目中，几名警察身着便衣带着一名妇女来到楼上犯罪嫌疑人的住所,那名妇女以邻居查漏水为名骗开房门,老妪打开门后,尚未回过神儿,已见几名彪形大汉迅速进入,老妪不禁嘀咕出声:"查漏水怎么来这么多人?!"话音未落,已见警察扑向各个房间进行搜索,旋即将犯罪嫌疑人摁在床上被窝里,由于事发突然,床上与犯罪嫌疑人同居的女子没有准备,发出一声惊叫。那几名警察既未出示拘留证或者逮捕证,也未出示搜查证也。

看这样的"法治",看不到警察权力必须受到的限制,看不到拘捕和搜查的"正当程序"运作,因此也就看不到真正意义上的"法治"。以此观之,"法治在线"更名为"警方在线","法治进行时"更名为"侦缉进行时",谁曰不宜?

## 拉着古人聊聊天

　　法者，天子所与天下公共也。今法如此而更重之，是法不信于民也。且方其时，上使立诛之则已。今既下廷尉，廷尉，天下之平也，一倾而天下用法皆为轻重，民安所措其手足？

# 追念李离

李离为错案而死。

他生在春秋时期,为晋国的大理,即现在的司法官。那时国如碎玉,邦如散珠。

因断狱失误,错杀无辜,李离自缚后拜见晋文公请求处刑。

晋文公说:"官职有尊卑,刑罚有轻重,出现错案理应责罚下属。何况,办案哪能始终公正,不出差错呢?"

李离说:"长官不会向下属让位,俸禄很多也不会同下属分利,自己有了过错却要把罪责推给下属,这是不义。国君因为信任我才委以重任,我却偏听误信,铸成错案。如此,百姓必然怨谤,诸侯也会轻视我国,国家必然不能长久。即使国君不忍加刑,我也不能偷生!"

史书记载:李离坚辞赦免,伏剑而死。

掩卷沉思,两千多年前这位大理袍服上的大片血渍令人悲悯不已:李离本来无须自杀,明明晋文公不肯加刑;但作为执法官,他自己"起诉"自己,为了枉死的哀魂,为了晋国国法,不惜舍弃生命。

依现代法律观点看,李离错杀无辜,毕竟属于过失,不必杀身以偿;即使依唐宋明清的律法,失入人罪者也比故入人罪者减三等,断不至于以死相殉。

法国当代著名律师勒内·弗洛里奥说:"公正的审判是不容易的事情。许多外界因素会欺骗那些最认真、最审慎的法官。不确切的资料,可疑的证据,假证人,以及得出了错误结论的鉴定等,都可能导致对无辜者判刑。"在司法活动中,尽管明镜高悬,错案却时常难免。一旦发现错案,归责问题会立即成为人们争先躲避的灼烧的炭块。趋利避害本是人类普遍的心理状态,面对错案,有人隐瞒、有人推卸、有人拒绝承认,能够反其道而行之,勇于承担责任的,寥若辰星。

然而,李离殉于错案。

李离死后若干年,项羽被汉兵追至乌江,有亭长劝其上船渡江,曰:"江东虽小,亦足以王,愿急渡!"项羽叹息:"籍与江东子弟八千而西,今无一还,纵江东父老怜而王我,我何面目见父老乎?"竟拔剑自刎。项羽本不必自裁,登舟而东,继续为王,卷土重来亦未可知,却因对江东父老深感内疚而选择死去,项羽正与李离一样,乃勇于承担责任者。项羽乃霸业之李离,李离乃司法界之项羽也。

我们无从揣测李离对错案中受害者的歉疚心情,所知道的,他是以死补救司法公正的第一人。在诸侯林立剑戟林立的春秋时期,在斑斓的历史中,有如此境界的,这位固执的大理是第一人。

李离往矣。

## 石奢的选择

情与法，颇难两全。

在情与法冲突时，不同的人有不同的选择。对于大多数人来说，面对选择中的两难境地会变得四顾茫然，手足无措，与哈姆雷特相仿佛。

《史记·循吏列传》记载：楚昭王的司法官石奢，刚正廉洁，无所阿避。一日道有杀人者，石奢奋力将其追获，令石奢大为震惊的是，被追获的杀人凶手竟是他的父亲。石奢立即陷入两难选择的煎熬：不徇私放纵其父，将背负不孝的罪名；不尊奉国家的法令，要负不忠的罪名，无论如何选择，都与他的忠孝品格冲突。焦灼思忖再三，石奢将其父释放，同时在"以父乖攻不孝，不行君法不忠"的强烈感情冲突中刎颈自杀。

石奢最终使得忠孝得以两全，却付出生命的代价，读书至此，真为他唏嘘不已。

然而，对于石奢之死，不同论者因各自立场不同有着不同的评价。

依先秦法家的观点，面临情与法的冲突，应当大义灭亲才合乎正道，石奢放纵其父的行为属于挠法而徇私，罪合当死，无可称道。难怪司马氏谈论六家要旨时说："法家不别亲疏，不殊贵贱，一断于法，则亲亲尊尊之恩绝矣，可以行一时之计，而不可长用也，故曰'严而少恩'。"

　　儒家倡仁,注重人与人之间的恩爱与慈孝,强调子女对父母的温和而浓厚的亲情,期冀以这种人伦秩序为基础,实现礼教、德治的理想社会。破坏了人伦秩序,抹杀了人与人之间的亲情,上述理想就成海市蜃楼矣。

　　我国古代法律,采儒家观点解决情与法的冲突。儒家认为父有罪过,子应为父隐,这样才"直在其中",因此允许亲属相为容隐,否则以不孝治罪。这种以法律向人伦让步从而使它们处于和谐状态的做法,成为中华法系的特色之一。

　　时至今日,情与法的冲突仍然困扰着现代人。不过,现代人有这样的信念:在适用法律时,对法律所能适用的一切人都应当不偏不倚、一视同仁,因此,现代社会依回避制度解决情与法的冲突。耐人寻味的是,不少国家法律规定,知情之人有权因唯恐其近亲属受到刑事追究而拒绝作证,因同样理由提供虚伪证言也不受法律追究。这与中国古代法律中亲亲相隐的规定如出一辙,不知仅为巧合,还是如我国儒家思想对法国重农学派的影响一样,中华帝国的法律及法律思想也对西方国家法律产生过影响。

　　生于现代,不必如古代的石奢那样刎颈自杀了。

# 李斯来信

敬启者：

我乃秦之丞相也。受中车府令赵高陷害，衔冤而死，去今何止两千年矣。

我虽居天国，未尝一日敢忘世事。此间消息，皆来自陆续赴天国之人，有人言司法改革事，以我之惨痛经历，当然尤为关注。闻之或喜或忧，拊掌扼腕，何可胜道也哉！

数年里每闻人言，世间改良司法，倡言人权，优化程序，轰轰烈烈，人神鼓舞，斯亦深感欢欣。偶有不尽意处，亦视为不可避免，岂肯久置于心。

不过，近来闻"被告人都招认了，还有什么可审的"之议蜂起，一时间诸多司法机关热衷于普通程序"简易化"审理乃至从域外迻进"辩诉交易"之类制度，只要被告人认罪，不待法庭细致调查，不惜含糊了结，忽又勾起心中郁结，不禁为之痛心疾首也。

当年我贵为丞相，不期为人所诬，不但拘执束缚，居囹圄中，而且竟至榜掠千余，不胜痛，自诬服。我之所以不肯自杀，是因为自信能言善辩，而且有功，实无反心，期望能够上书自陈，幸得二世醒悟而赦之。不意赵高曰："囚安得上书！"使吏弃去不奏，斯之沉冤遂得不雪。后世之司马迁于

《史记》记载甚详，可供参阅。

我至今切齿痛恨的是，赵高使其下属十余人假充御史、谒者、侍中，更往复前来提讯，我误以为机会已到，以其实对，结果重遭榜掠，反复几次，终于不敢翻供。后二世真的派人复查此案，我已经难辨真假，以为还是赵高的花样，最终不敢讲出实情，终以"辞服"（供认不讳）结束审查。

我以闾阎历诸侯，入事秦，辅始皇，卒成帝业，心不可谓不忠，功不可谓不大，一旦被人构陷，落入狱卒之手，虽有辩才，竟不敢发一句真言，落得在咸阳被腰斩，夷三族。后世的司法官员怎可不怵惕警醒，以为殷鉴？

今日之被告人，其地位、其权利与我秦国之阶下囚早已不可同日而语；但司法经验教训古今如一，不可不铭记。刑狱理当务必发现实质真实，不受认罪之约束，即使被控之人业已认罪，法官仍需查验其他证据，确认供述真实与否，这一制度深惬我意。试想当年，若二世指派查验之人不为"辞服"的假象所惑，深入调查，我尚有一线昭雪机会，历史上未必有李斯冤案矣。

被控告之人"辞服"就减免调查，要使判决公正，至少得保证自白出诸自愿，而要保证自白出诸自愿，须得保证没有刑讯和逼取、骗取口供之恶行。此类恶行不杜绝，焉知其陈述为自愿？非自愿之陈述，焉知其为真实？不能确定其真实又不细致调查，岂非鲁莽？不具有必要的条件，贸然简化法定程序，岂不容易酿成冤错案件？

我去国已久，识见有限。偶有所闻，触动旧日伤痛，如鲠在喉，不吐不快。所言不当之处，尚祈指正！

李斯　敬上

BY J.CHANG

## 酷吏的终局

揭开斑驳的历史,会揭开历史的疮疤。穿行秦砖汉瓦之间,雨疏风骤之时,人们常看到置身其中的酷吏——以惨刻为性格,以罗织人罪为能事,在别人的辗转哀鸣中,绽破欢颜。

这些酷吏,以别人的血涂染自己的功绩,他们在各自舞台上威仪棣棣,炙手可热。

然而,水满则溢,月盈则亏,惨史与荣历常常相伴相随。也许,没有什么比"请君入瓮"更能揭示酷吏的宿命了。

《史记·酷吏列传》中诸多酷吏,除一人善终、一人身陷囹圄最终幸免于死外,余皆死于刑狱:河内太守王温舒以罪自杀、定襄太守义纵以罪弃市、御史减宣以罪自杀……

同样,唐朝酷吏索元礼、来俊臣、周兴、侯思止等,各个死于非命。

武后也依仗酷吏

相似的酷吏,相似的结局,在不同朝代轮番出现,应验了人生的因果报应。

想这些酷吏,当其盛时,执法苛毒,杀人如麻。转眼间,富贵成尘,身家性命付诸斧锧,怎不叫人怵惕惊骇!

酷吏,本是"治乱世,用重典"的产物,但"治乱世,用重典"以期达到"治世""无讼"的理想状态,这一善良想法却建立在想当然的虚幻基础上。意大利法学家贝卡利亚指出,对于很多犯罪,当权者故意把刑罚搞得很残酷,但时间一长,对这些刑罚中的恐吓成分人们就司空见惯、习以为常了。酷刑还有一个不良作用,即可能造成不良社会环境。我国清末法学家沈家本指出,残暴酷虐的行刑方式,不但无助于震慑犯罪,反而起到导民为恶的副

沈家本

作用,沈氏认为:"谓将以警戒众人,而习见习闻,转感召其残忍之性。"暴君以酷虐治世,酷吏以酷虐争宠,都显露出视人如犬彘、视生命如草芥的残忍本性。这种滥施酷刑的行为,对社会起着嗜血虐杀的反面榜样作用。一旦社会形成轻贱人命的风气,暴君、酷吏也往往饱尝自己植出的恶果:国如秦、隋,人如周兴、来俊臣,莫不如此。

酷吏死于非命并非偶然。酷吏为鹰犬、行酷虐,往往引得怨声鼎沸,平息这种怨恨的最简单的办法是将这些酷吏处死。正如《北史》所载:秦州刺史于洛侯贪酷残忍,常将犯罪者截腕、拔舌、断足而后斩决,以致百姓反叛,孝文帝只好派人将于洛侯处死谢众了事。

孟子云:"戒之,出乎尔者,反乎尔者也。"

## 戴胄的失信论

"贞观"是令人缅怀的年号。那是因为唐太宗是世人称颂的明主,他善纳雅言,减少施政错误,创造了盛唐耀眼的辉煌。长孙皇后是贤德有智慧的女人,单是"帅内外命妇亲蚕",就值得史书记上一笔。魏征几度谏劝唐太宗,唐太宗能够虚心接受,还赞叹"魏征一言,胜十万师",李卓吾在《史纲评要》中几度称颂唐太宗为"圣主",差不多是赞不绝口了。李卓吾说:"史言魏征善谏,愚以为幸太宗耳。不然,使遇好谀之主,未必不转谏为谀也。"那意思是说,魏征知唐太宗非好谀之主而有进谏的勇气,换了昏君,也许就没有人所钦敬的魏征了,因此,"君天下者,不可不以太宗为法"。

不过,许多君主自以为英明,臣属也愿意拿这话去奉承他,尤其是真的智勇过人之主,往往觉得别人不如自己高明,即使魏征在前,也不能细辨其言之忠善,采纳与否就说不准了。有时一句话说得不对,逆了主子的意,惹来雷霆之怒,吃不了兜着走,甚至送掉老命,何苦来哉!

唐太宗的良臣,不止魏征一人而已。戴胄等人也是能够忠言进谏之臣。唐太宗深知为明主之道,曾问魏征:"人主何为而明,何为而暗?"魏征说:"兼听则明,偏信则暗。故人君兼听广纳,则贵臣不得壅蔽,下情可得上通也。"有魏征这样的良臣经常如此"教育"皇帝,唐太宗真是想不做明君都难。

唐太宗固一世之雄主，自然不是没有脾气的滥好人，只不过没有将一时之怒化为灾难而已。《史纲评要》记述这样一件事："上以选人多诈冒资荫，敕令自首，不首者死。未几，有诈冒事觉者，上欲杀之。戴胄奏：据法应流。上怒曰：'卿欲守法而使朕失信乎？'"唐太宗讲的话不是没有道理，如果按照戴胄的依法说，严格依现行法处理这件事，就只能处以流刑，不能判处死刑，那皇帝的敕令还有啥信用？皇帝金口玉言，定下来的事落实不了，当然干系不小。戴胄的反调，昭示守法与失信同来，守信与违法联姻，真是惹人生气，难怪唐太宗恼怒。

戴胄自有他的道理，他这样回答唐太宗的斥责："敕者出于一时之喜怒，法者国家所以布大信于天下也。陛下忿选人之多诈，故欲杀之。既而知其不可，复断之与法，此乃忍小忿而存大信也。"戴胄此番言论，将法律与敕令的效力大小分出等差，称法律的效力高于敕令，前者要全国上下共信共守，攸关国家诚信，后者不过是君主一时喜怒形成的，两者冲突，应当取法律而舍敕令。至于失信，兑现敕令，不过是小信；遵守法律，方为大信，忍下小忿而保全大信，才是正确选择。戴胄的话，格局很大，也确有道理，唐太宗接受了他的建议。

戴胄谈法律与诚信，让我想起汉代张释之的类似言论。当年张释之因犯跸案向汉文帝进言，汉文帝也在盛怒之中。前因是，廷尉张释之处理该案件，依法而断，一人犯跸当罚金。文帝怒曰："此人亲惊吾马，吾马赖柔和，令他马，固不败伤我乎？而廷尉乃当之罚金！"张释之对文帝说的话，与戴胄相似："法者，天子所与天下公共也。今法如此而更重之，是法不信于民也。且方其时，上使立诛之则已。今既下廷尉，廷尉，天下之平也，一倾而天下用法皆为轻重，民安所措其手足?"张释之提到法律是天子和天下民众要共同遵守的，如果法律有明确规定却不遵守，违反法律加重处罚，是法律失去对人民的信用，廷尉之职又是掌握天下公平的，如果法律被随意揉捏，民众就无所适从了。

戴胄与张释之关于法律信用之论如出一辙，都强调法律取信于民。他们的看法，大有见地，就在于认识到，法律树立在民众中的信用，国家和政府才有了诚信。

呜呼！国家诚信何等重要。法律被政府遵守而得到落实，是国家诚信之所系。要是制定法律而不加以落实，甚至政府带头破坏法制，难免让人感叹：古人的智慧真的是不遗传啊。

当代人，何妨读读古人书，汲取一点智慧？

## 《申报》与杨乃武案

闲暇时读揭诸报端的案例,时常发现:与成功案件相比,人们可以从错案学到更多的东西;与铸成错案相比,纠正错案更耐人寻味。陈年旧案也是如此。近来读清代杨乃武案,印象最深的是洗冤过程。

像许多冤错案件一样,杨乃武案是由屈打成招而锻炼狱成的。杨是清同治癸酉举人,因与余杭肆上卖豆腐的葛品莲那颇有姿色的妻子毕氏(人称"小白菜")有私,遭人嫉恨。适逢葛品莲因受毕氏虐待不胜其辱自吞鸦片身亡,遂被人诬告通奸谋杀。承审官严鞫之,迫以刑,再加刑幕教唆伪证,终致证供金同,后几经复核,都未推翻冤案,杨乃武与毕氏只能延颈待决了。

杨乃武案的平反得益于《申报》。《清稗类钞》云:"时上海已有《申报》,载之甚详。既定案,报端复缀一联云'乃武归天,斯文扫地'。为其同年友所见,大愤。"于是代为向督察院诉冤,朝廷下旨提交刑部复审,真相遂白。张国风《公案小说漫话》则云:杨乃武案的平反,既有政治原因,也具时代色彩,《申报》的介入是促成原因之一,"《申报》对于杨毕一案,自始至终作了详尽的报导。对案件审理中的朦胧之处,多有披露,显示了报纸制造舆论的强大力量。"《申报》对于审判中缺乏司法透明度也进行了抨击,称

"缘审判民案,应许众民入堂听讯,众疑既可释,而问官又有制于公论也"。这显然受到了西方司法民主的启迪。杨乃武案的平反还有一原因,便是洋人的偶然参与。《清稗类钞》记载:"或曰,翻案之原动力,乃某公使偶在总理衙门座次告王大臣曰:'贵国人断案,大率如杨乃武之狱。'当道闻之,至踟蹰不安,遂翻案也。"《清代野记》也说,"会有某公使在总署宣言:'贵国刑狱不过如杨乃武案含糊了结耳!'恭亲王闻之,立命提全案至京,发刑部严讯。"至于该公使是否由报纸得知案情,则不得而知。

这也许是新闻舆论在我国司法史上发挥神奇功效的最早例证,它证明这一事实:只要正常发挥其功能,新闻舆论对于司法权力的正当行使有举足轻重的作用。

新闻的重要功能是获得消息情报并加以整理和传播,有时还要在此基础上提供意见和评论,作出有见识的反应。多年以来,印刷机成为权力工具,新闻被视为除立法、行政、司法以外的"第四权力",完成着人们寄期望于它的维护民主的"警犬"职责,新闻媒体习以为常地从不同角度监督政府活动,揭露和控制权力运作中的腐败和暴政。托马斯·杰斐逊甚至说:"由我来决定我们是要一个没有报纸的政府,还是要没有政府的报纸,我会毫不犹豫地选择其后者。""只要报纸受到保护,我们就可能依靠它寻找光明。"

司法权是主要的国家权力,同其他国家权力一样,它的秘密运作,容易滋生腐败和暴政。滥用权力者最怕行为曝光,因此一个久拖不决的事一旦公之于众,就很快得到解决。滥用权力者也最恨新闻舆论,当年,《申报》报道杨乃武案,招来浙江地方官的嫉恨,据记载:"迨以列报,闻浙省官员亦皆见之,若能少动天良,或者犹可另讯;反谓《申报》向来喜列谣言,不唯不肯见听,且欲污蔑《申报》,意图禁止。"这番举动,不过是那些滥用权力、颠顸无能的官员的典型反应。

　　杨乃武案平反后,"乃武虽释,而足骨以受极刑故,遂不良于行。家计亦困,乃至沪卖文以自给。毕则披剃为尼"。但杨、毕二人还是幸运的,毕竟当时已有《申报》,毕竟某国公使偶然提及(在某些国人那里,洋人的话才有分量,不信你去说试试),否则早已身首异处、脔割丧生,国人安能至今知其为冤案且为清代四大奇案之一呢?

## 难启欢颜的胜利

杨鸿烈先生著有《中国法律发达史》一书,此书两册,本为裨补前人研究不能系统而往往"管窥一斑"的缺憾而作,故民国旧版凡 1250 余页,可谓鸿篇巨制。此书从上古胚胎时期述起,直至民国时代。其中第二十六章"清——欧美法系侵入时期"转引日本今井嘉辛在《中国国际法论》中的三个案例。对这三桩案件的处断,不但当时一些国家予以非难,就是现在摆在面前,我们也不免心情复杂、难启欢颜。

最早一件发生在 1780 年,英国船成功号(Success)上一名法国水手与英国船斯塔蒙特号(Starmont)上的一名葡萄牙水手发生殴斗,将其杀死后逃入"法国领事馆"(当时未经中国政府承认)躲藏了几日,中国官员要求"法国领事馆"交出犯人。法国人鉴于 1754 年拒绝交付杀害英国人的法国人致使英国停止与其贸易的教训,同意交付该犯人。犯人交付不久,即被中国巡抚下令斩首示众。这一案件是中国处死西方人的最初例子。

1784 年,停泊于广州湾的英国船休斯夫人号(Lady Hughes)的英国炮手施放礼炮,不慎炮中遗弹突发,炸死了中国人,中国官员主张抵命,要求英国船交出肇事者，英国人称不知何人肇事，欲加拒绝，中国官员遂拘捕其船长当作人质。英国人被迫交出肇事炮手，后来中国官员称奉北京皇帝谕旨将该炮手斩首。

1821年美国船爱米莉号（Emily）上的水手在船上投掷土器，恰巧一只小舟经过，误中小舟上的中国妇女，中国官员要求美方交出该水手，美方不允，中国政府遂断绝与美方的贸易，最后美国人只好让步。水手交出后，在没有其他美国人在场的情况下，中国官员对案件进行了审理，24小时内竟告斩首，将尸骸归还给美国船，中美贸易旋即恢复。这件案子同法国水手案、英国炮手案一样颇受非难。

在这些案件中，中国地方政府经过一番折冲樽俎维护了国家主权，算得上是值得弹冠相庆的胜利，但由于清朝的法律过分严酷，司法程序也过分野蛮，案件的处断无论从实体还是从程序上都损害了正义，正如美国当局所言："当处在你们的领水时，我们服从你们的法律——但它们是如此的不公正，我们碍难忍受。"

这真是令人乐不起来了。我国法律起源悠远，自黄帝、唐虞以及三代均有史籍记载，不但法律思想蓬勃发展，法律制度也体系完整、缜密，构成世界主要法系之一的中华法系。中国古代法制在时间上延绵了两三千年，在空间上也具有巨大的影响。但在全球近代化过程中，中华法系作为帝制时期法律的代表，已明显落后于时代。清朝政府和大小官员对此浑然不觉，不能见贤思齐，主动"参酌各国法例"，"务期中外通行"，"与各国无大悬绝"，造成的直接结果是"生息于近代最进步的罗马英美法系的人，就很急于脱离中国法系的支配"。

历史真个无情。爱米莉号水手案发生19年以后，一场鸦片战争将中

BY J.CHANG

国法律近乎封闭式发展的局面彻底打破,西方列强趁势以领事裁判权攫取了清帝国的部分司法权。在不得已情势下,1902 年清政府为顺应新的形势和收回治外法权,下诏宣布模仿西方法制,从而开始了中国法制的改革和发展。有了这个开始,中国人乃有希望去博得一场更体面的胜利,能够开启欢颜的胜利。

但要完成这个图景,需要的究竟是哪一代中国人?

杨鸿烈先生已经故去,无法回答这个问题。他生前出版的著作已墨香散尽,纸张泛黄;但在不断流逝的时间中,中国法律的发达史还在续写。活着的人该用怎样的历史感和使命感去续写以后的历史?

## 只要文字还活着

许多过去发生的事情,因为史料不备,呈现的是模糊的脸庞,宛如蒙着一层面纱。当史料被挖掘、被公布,人们深入了解时,历史才真正露出它的裸脸,人们才有可能清楚认识它。

从 1946 年开庭到 1948 年宣判结束,远东国际军事法庭审判历时两年零六个月,距今已经六十多年。我国曾于 1953 年由出版社出版过这场审判的判决书中译本,1986 年群众出版社再度出版了《远东国际军事法庭判决书》中译本。我读到过早年的版本,字号很小,密密麻麻,洋洋洒洒,事实和证据论列详细,逻辑严整,令人叹为观止。现在,无论是 1953 年还是 1986 年的版本,坊间都早已难觅踪迹。当远东国际军事法庭审判因日本右翼人士的狂言悖论成为人们重新瞩目的焦点时,国内却难觅这份判决书以供饱览,多少令人遗憾。

我对远东国际军事法庭审判的了解,最初源自 1988 年法律出版社出版的梅汝璈遗著《远东国际军事法庭》一书。此书非全璧,梅先生未及竟稿便撒手西去,十分可惜。尽管如此,已经完成的部分仍然颇具价值,梅先生不仅为他那段难忘经历留下文字记载,也为中华民族保存了一段珍贵的历史记忆。全书文字真好,读来丝毫不觉枯燥,许多内容引人入胜。近年来法律出版社再版此书,一册在手,人们读来可以了解东京审判那段历史,同时领略梅先生文字的润泽,真是一件快事。苏联曾有一部专述东京审判的书,斯米尔诺夫等人著,早已译成中文。斯米尔诺夫曾以苏联公诉人身份参加远东国际军事法庭审判,后来还担任苏联最高法院副院长、院长等职务,此书记载远东国际法庭审判过程也颇详细,值得一阅。此外,中文读物中还有一些关于远东国际军事法庭审判的记述,一一计数,似乎也还可观。

在这些文字中,有关检察方面的内容,一般都有涉及,有的叙述得细一点,有的语焉不详。我们能够从《远东国际军事法庭判决书》中大概了解一些检察方面指控的内容,但毕竟不如读完整的起诉书来得直接。从梅汝璈的《远东国际军事法庭》一书,我们也可以看到检察方面为控诉进行的准备和努力,以及检察官面对辩护方咄咄逼人的攻势时的应对,但检察官那些充满正义感的精彩陈词不可能在这本书中有完整的记录。

江苏人民出版社出版的《南京大屠杀史料集》第29－55卷,其中第29卷首次以中文发表了国际检察局有关南京暴行的调查取证过程的报告,这份材料让我们更清楚地看到历史真实的面庞。史料集中还首次翻译发表了远东国际军事法庭的《起诉书》、总检察官基南的《开庭词》以及向濬哲副检察官的《有关中国阶段的开庭词》,使我们读来仿佛置身六十多年前的那个法庭,感到正义的力量在激荡。读到基南开场白时,相信遭受过战争的残酷和苦难的中国人不会不动容:"未来战争将威胁到不仅是文明的生存,而且是任何生物的生存,这点变得具有如此的真实性,以致反复强调显得多余和陈腐。人类一直渴望的和平问题现在到了一个重要的十字路口。因为我们所知道的破坏能力,即使是在很原始的阶段已达到了这样的规模,只有我们人类想象这种破坏能力的最发达阶段,我们才能应对现实。在这十字路口,我们的问题,实际上,现在是对一个问题的回答:'活着还是去死'。"

在上一个动荡的世纪,以及尚未消除了动荡和灾难的本世纪,这样的话,并没有因时间的流逝而过时。

只要文字还活着,人们为恢复正义作出的努力,就不会湮灭无闻。

第
四
辑

## 巴掌大的一块青天

司法似乎也是这样。新的制度夹杂着旧的规范,旧的办案习惯混合着新的司法理念。司法有着明显进步,却也存在不堪为外人道的愚暗与野蛮。

## 谁有权利宽恕凶手

这些年,大学宿舍不再是友情的代名词,在那里,有人逝去的不仅仅是青春,还有生命。大学宿舍曾因发生马加爵恶性杀人案件而被赋予了多重内涵。近些年屡次发生的投毒案,已经成为大学生活的一大梦魇,清华大学发生的朱令铊中毒案件,久为悬案,至今未破。

这些案件令人震惊,那里录取的在读大学生,都是万里挑一的优秀高中生,却有人选择对自己毫无防备的同学痛下杀手。复旦大学投毒案一经披露,轰动一时。凶手林森浩被抓获后,曾有人呼吁判处他死刑,为黄洋申冤,这一呼吁得到不少人的认同。

黄洋遇害后,有媒体披露,在林森浩一审被判处死刑立即执行之后的二审中,复旦大学有177名大学生联名上书求情,要求上海市高级法院手下留情,媒体报道称,这封题为《关于不要判林森浩同学"死刑"请求信》由复旦大学一位经济学教授与法学院的学生共同起草。177位联署的求情者承认林森浩的罪行"不可原谅",理应得到其应得的刑罚;但同时指出,林森浩在学期间做过一些好事,并非本性凶残之人,希望法院不判死刑,给他一次重新做人的机会。这封信一经披露,在社会上引起很大争议,有人指斥这些求情者"法盲兼脑残",他们的行动是"教育失败的悲哀"。被害人的父亲也表示不能接受求情信上的请求，他不能原谅林森浩下毒导致他的儿子死亡。

这封信令人想起一些案件发生后，被告人的家属、律师、同侪等收集提供的诸如村民、同学、同事联署要求"刀下留人"的意见书。这些意见书固然没有对法院裁判的约束力，也不必疑虑其有干预司法之嫌——联署者无权无势，谈不上干预，但影响司法裁判的意图是明显的，这种影响并没有违法之虞，只是法院在"民意"面前应当有自己的定力，不应随"民意"摇摆，何况有些"民意"只是窄化的同村村民、同校校友、单位同事的"亲友团"意见。

我感到困惑的是，这份求情信为何公之于众？如果是求情人、律师、被告人家属将其公开，目的是影响、扭转对被告人不利的舆论？如果是法院公开，是为了司法透明化还是投石问路，用这封信试试民意的水温以决定是否改判？后者难免会让人联想起在药家鑫案件中，西安市中级人民法院向旁听席上的民众发放应不应判处死刑的调查问卷，这些旁听者中又有不少药家鑫西安音乐学院的同学。

复旦大学177名求情者随"求情信"还送上一份《声明书》，声明表示愿意代黄洋尽孝，尽一切力量帮助其父母。黄洋的家境并不富裕，他的父亲是四川荣县盐厂的下岗职工，母亲也是一名下岗职工而且因肝病做过大手术。但177名大学生的尽孝说，却让人有些反感。黄洋已经死去，只怕是谁也代替不了基于骨肉亲情关系所能尽的孝道。177名大学生如何兑现"尽孝"的意愿表达，也是一个让人疑惑的问题。况且，对于黄洋的死亡来说，父母的伤痛也不能简单化为一个尽孝问题。对于黄洋的父母来说，这一份求情信和声明书，造成的也许是第二次伤害。

到底谁才有权宽恕凶手？

　　我想答案简单而明确，只有受害者才有权宽恕凶手。这里的"受害者"既包括死者本人（对于本案来说，黄洋已经永久失去了表达意见的权利，这是凶手投毒造成的恶果），也包括痛失爱子的父母或者死者其他近亲属。其他任何人都没有权利代替表达宽恕之情，越俎代庖地表达对凶手的宽恕不但无聊而且无耻。

　　我不知道上海市高级法院是否曾经考虑改判，现在大学生犯罪司法上网开一面并不鲜见，甚至形成一种惯性思维。我只希望，司法审判能够将这种身份的被告人放在与其他身份的人同等的地位上来审视其罪与罚的问题，毕竟司法理性对于司法公正来说是至关重要的。司法女神正是为此而蒙住双眼的。

## 天平斜得扎眼了

两个小伙子——许霆与朋友郭安山,一台突然变得格外慷慨的银行ATM机,这就是许霆案的第一场景。时间是 2006 年 4 月 21 日。当时的事情后来成为众所周知的事实:许霆与郭安山利用 ATM 机故障漏洞取款,许霆取出 17.5 万元,郭安山取出 1.8 万元。事发后,郭安山主动自首被判处有期徒刑一年,许霆潜逃一年后落网。

许霆无疑是有罪的。案件成为舆论热点以后,有论者为许霆辩解:"从表面上看,许霆是在自动柜员机上取款,但是,实际上,许霆是在自己的账户里取款……当天所发生的取款事件,顶多属于因银行系统自身故障而导致的无效交易,而被许霆归入囊中的 17.5 万元人民币,顶多属于无效交易而导致被告的意外得利(是否属于不当得利还值得商榷)。"论者发出这样的疑问:"难道,一个人竟然能够在自己的账户里盗窃别人的钱吗?!"这一质问实在不堪一驳,许霆虽然是在自己的账户里取款,但他对自己实际有多少存款心知肚明,对机器出现故障更是有明显认知,他自己的账户不过是非法获取银行钱财的渠道,他对自己的账户取出大量的钱非自己合法所有也了然于胸,由于自动柜员机的特殊性,从自己的账户盗窃银行的钱并非是不可想象的了。许霆取款也非所谓"意外得利",如果他只取款一次,银行系统自身故障吐出那么多让他目瞪口呆的钱,尚可谓意外得利,他多次利用银行系统自身故障取得钱财,非法占有银行财物的主观意图和客观行为昭然,无论如何也不能以"意外得利"含糊过去。至于许霆在二审法庭自我辩护说是为银行保管钱财,实在不值一哂,要是真有心保护银行财产,最简便、也容易想到的办法是直接拨110报警。

其实,这个案件本来不值得大惊小怪,像几乎所有涉及财物的犯罪案件一样,本案是一时贪婪铸成的罪错,这个案件之所以引起社会广泛关注,真正原因在于2007年12月许霆被广州中院一审判处无期徒刑,这一量刑不但与郭安山被判刑罚比较相对畸重,而且就案件实际情况而非法律本身规定言之,也绝对畸重了。也就是说,这天平倾斜得太扎眼,惊动了闲着和忙着的世人,大家就难免忍不住七嘴八舌了。

当初立法者在设定"盗窃金融机构罪"之时,一定没有足够的想象力想到ATM机会出现差错,使银行的钱被非法取走变得易如反掌;一定也没有想到,银行系统会出现自身故障而"诱发犯意",对于这种由ATM机故障诱发犯意的案件,对行为人的处罚不应该和破坏银行设施、潜入银行内部之类的盗窃行为同样处罚。这显示出"盗窃金融机构罪"之捉襟见肘了。实际上,这一罪名并无独立设立的必要,"盗窃罪"足以涵盖盗窃金融机构的罪行,依盗窃金融机构的危害性在量刑时从重处罚就可以,何必将有种属关系的罪名并列规定,挑战逻辑规则?我国刑法罪名中这类父子罪名分家并立的情况不少,早成立法痼疾,想不到在许霆案中意外暴露出子罪名的僵硬性。

当法院作出一审裁决后,舆论鼎沸,许霆赚足了同情票,法院裁判的公信力再度成为风中残烛,以致 2008 年 2 月 22 日广东高院在争议声中将案件发回广州中院重审。许多人翘首期待法院作出一个公正性不那么引人疑窦的新裁决。全国"两会"期间,身为全国人大代表的一位最高人民法院副院长公开谈起许霆案,认为这是一起特殊的盗窃案件,判处盗窃金融机构罪显然不合适,"一审判处无期徒刑明显过重",应该综合考虑法律效果和社会效果作出。这番话为不少关心此案的人提供了精神抚慰。只不过,在我国高度行政化的司法体制内,最高司法当局的一位副院长对案件具体定罪量刑发表见解,让人产生另一种担心,那就是下级法院失去"独立判断"变成"奉命判决",程序正义受到戕害。毕竟上级法院对下级法院正在审理的案件不予置喙应为司法的基本要求。

### 法官何须详解许霆案

一段时间里,世人竞说许霆案:大大小小的刑法专家纷纷表态,不少律师也侃侃而谈对该案的见解,网民对该案的定罪量刑更是口诛笔伐一吐为快。一时间舆论鼎沸,热闹非凡,大有"开谈不说许霆案,读尽六法亦枉然"之势。

在舆论鼎沸的情况下,案件经上诉后被发回广州中院重审,该院感受的压力可想而知。经过重审,2008 年 3 月 31 日,广州中院再次作出一审判决,判处许霆有期徒刑 5 年。对于争议这样大的案件,重审后认定许霆构成盗窃金融机构罪,量刑从无期徒刑骤然降为 5 年,需要详解一下如此判决的理由。法院的确这样做了,许霆盗窃案重审一审宣判后,审理该案的广东省广州市中级人民法院刑二庭庭长甘正培,就案件如何定罪量刑等社会关注的焦点问题,接受媒体记者采访。媒体报道此举,称为"广州中级人民法院详解许霆盗窃案定罪量刑依据"。不过,如此详解许霆案,做法却有所不妥。法院及法官对自己承审的案件,包括事实的认定、证据的取舍、心证的形成、法律的适用(为何定罪、何以定此罪以及为何如此量刑)应当在该案判决书中作出解释;在判决书之外,法院及法官不应解释自己对案件的判决的理由,也不应发表对案件的看法。

法院及法官不在判决外对案件作出解释,是与法院消极、克制的司法特性及法官缄默的司法品格相联系的。蔡墩铭先生在《审判心理学》一书中指出,法官是经过国家任命而从事审判工作的人员,其审判职业的特殊性使其产生特定的心理倾向,并形成一种特殊的司法气质(judicial temperament),包括仁爱、自制、谦虚、精细、勤勉、忠诚、勇气、牺牲、缄默、反省十项。就"自制"而言,"审判官既负有平亭人民曲直,维护社会伦理规范之任务,自应本乎理智,依客观慎重将事,不能任凭感情因素出入其间,以致其判断之公平与正确,遭受不当之影响。要之,诉讼案件审理之是否顺利,恒依审判官在审理时有无耐心及是否控制其情绪而定。"这里提到的"缄默",体现在诉讼过程中,便是"审判官判断案情,需要思考,而对事理之深入思考,其心境必须宁静,无法保持心境宁静者,不必要之举动多,则易于失去理智,于是难以辨别是非善恶,在此情况之下,何能期待审判官为适当正确之裁判?"英国哲人培根称晓晓多言的法官是不和谐的乐器。他在《论司法》一文中指出:"耐性及慎重听讼是司法官的职务之主要的成分之一;而一个晓晓多言的法官则不是一个和谐的乐器。"

法官的克制和缄默表现为,对于外界影响,法官不致采取无意义的举动。作为法官,不必顺应舆论,或以此作为论罪科刑之参考;更不必只因外界的批评,一味为自己的行为辩护。法官在判决书中,对于判决的理由进行了揭载,法官对案件的认定应体现在裁决书中,裁决书之外,没有必要再作说明。正如蔡墩铭先生指出的那样:"盖审判官之判决,已在判决书内叙述其理由,对于认定事实与适用法律各点既予以详尽之说明,则当判决书正式发表之后,实毋庸在法庭外为多余之补充说明。此因法庭外之说明,不但于事无补,且必引起反复之辩驳,徒使司法信誉受损,而无任何实益。英国法谚谓:'审判官不为辩解',确属有感而发。"在我国,尽管最高法院要求各级法院在判决书中充分说理,该案的判决书说理却并不充分。法官接受记者采访,公开发表对案件的认识和意见,甚至法院召开记者招待会详解某一案件,没有多少人意识到这有悖于法院及法官应有的缄默形象,对司法的尊严实属有害无益。

法官缄默,不仅仅因为缄默体现了人的一种良好习惯和气质,而且也与法官的角色特性有关。法官应当铭记 M. 梅特林克的一句话:"言谈也是伟大的,但不是最伟大的。正如瑞士人所说的那样:'言谈是银,沉默是金';或者,如我所认为的那样,言谈是有时间性的,沉默却是永恒的。"

## 彭宇案留给我们什么

　　彭宇案上诉后，大家翘首以待，希望二审给出令人信服的判决。结局有点出乎意料——案件调解结案。对于调解协议的细节，大家很想探个究竟。由于法院拒绝透露，所有关注此案的人都如堕五里雾中。赞也赞不得，骂也骂不得，痒在心里又搔不得。然而，疑虑却挥之不去——莫非这又是一起葫芦案？

　　就几乎一面倒对彭宇表达同情和支持的民意来说，这个处理结果像一瓢冷水，将炽热发烫的舆论几乎浇熄。由于彭宇已经被舆论塑造成热心助人遭到冤屈的落难英雄，最后接受调解并达成协议，让人感觉他是自己打败了自己。如果没有理亏处，我们希望他坚持到底，许多人给予他道义上的支持，不希望他认输。我不知道有什么样的压力或者诱惑能让他在没有过错的情况下接受赔偿对方（即使数额与一审判决的有所降低）的调解协议，他的行为也许暗示其英雄形象不过是人们的幻想投射出来的影子。对于一审判决，他曾经发人警醒地说："不想因为我的案件，以后人们见到老人跌倒都不愿意去扶了。"在接受赔偿对方的调解协议之时，他是否忘了自己说过的话？

　　许多人（包括我在内）都曾受到媒体的影响，初闻彭宇案，第一反应是对彭宇搀扶老人反被诬告的说法深信不疑。媒体提供给我们关于彭宇案的"真实"版本，与我们多次重复的间接经验相吻合：有人受伤倒地，好心人上去搀扶，甚至送伤者到医院，结果好人没好报，反被诬为致伤者而百口莫辩。这种间接经验很久以前已经在我们内心生了根，使我们路遇伤者时不愿、或者准确地说是不敢出手相助。媒体对彭宇案的报道，与我们内心深处这种刻板印象相吻合，对彭宇的同情遂慷慨地倾泻而出了。这种轻信已经折射出社会的一种病态。

不仅如此，媒体提供的"真实"版本让我们相信，与媒体长期累积而成的公信力有密切关系。相反，彭宇案件承审法院的一审判决提供的另一种"真实"版本，却让大众嗤之以鼻，不但判决书招致"天下士人不服"，一审法官在判决公布后也被人频频打电话辱骂，这一现象，与一审判决书写得太笨而缺乏说服力有关系，更主要的，与司法没有建立起公信力大有关系。在得知法院判决的内容时，我国民众并不像法治成熟社会的民众那样，对司法裁决充满信赖，我们甚至不愿去想法院的判决可能是对的：也许彭宇的确撞了老太太，或者老太太撞了他。

事实上，一般民众无缘看到案件全部材料，媒体也不能充分掌握案件全部证据材料并加以正确解读，最有资格对案件是非曲直作出接近真相的判断的，是具有良好判断力并有道德勇气作出公正裁判的法官。法官经过本案审理，饱览双方提交的证据，听取证人陈述，对案件可以形成

一定的心证。就本案来说,从纠纷发生后,就有许多人为的瑕疵产生,原告之子的警察身份及其在纠纷过程中某些不当举止,让人们对民警询问彭宇笔录的真实性产生疑虑。人们对特权职业的不满投射为对原告一方的强烈反感,经办此案的两名民警有关笔录照片的真实性的证明,也因他们与原告之子的同行关系而减损了证明力。不过,对于这一证据,彭宇并没有提出有力的反驳;彭宇提供的证人陈二春因没有看到原告是怎样跌倒的而不能提供本案的直接证据。法官对于该案各种证据的证明力,可以本着理性和良心自由判断,他们审查判断证据后得出原告一方提供的证据的证明力大于被告一方,不值得大惊小怪。民事诉讼以达到形式真实为已足,不必追求实质真实发现。在诉讼中,只要一方提出的证据达到优势盖然性(我国民事审判实行所谓"高度盖然性"),即存在的可能性大于不存在的可能性,法官就应当作出有利于原告一方的判决;法官经过判断,认为原告举证没有达到证明标准,就应作出有利于被告一方的判决。无论哪种判决,要取信于人,需要法官在判决书中就证据取舍和心证过程作出合情合理合法的论证。本案审判最糟的事,是一审判决书在说理中弄巧成拙,其中对人含有不良推断之所谓"常理常情"不能服众,对"常理常情"的表述反而瓦解了判决的说服力。

耐人寻味的是,南京法院批评媒体为了炒作卖点和提高收视率而发布彭宇见义勇为受冤枉的不实报道,对于一般民众来说,是不是事实,一时也难以判断。在我们这个社会,这一批评根本就不是真实不真实的问题,而是被信任与不被信任的问题,这才是案件作出一审判决后真正值得深思的。法院应当了解,司法制度要实现其高效能,需要使大众对司法者的完美和公正无偏始终保持绝对信任。彭宇案提醒我们:确立司法的公信力,使民众重拾对司法的信心,已经迫在眉睫。

这个案件在舆论旋涡里,明显与"和谐社会"不太搭调儿,有关部门都感觉到了一种无形的压力。很明显,调解结案正是江苏法院及其领导机关期望看到的,事实上也是他们促成的。值得注意的是,这种为弥合社会的伤口和消除司法的不满而指令调解结案做法,恰恰不是循着法治的途径而是以人治惯性运作的方式了结案件的。

## 常识与昧于常识的判断

处理各种案件,离不开专业判断,比如刑事司法常常需要厘清此罪与彼罪的界限,这往往需要法界人士运用自己的法律知识作出判断。不过,并非所有的案件事实都需要专业知识来判断,有的只需借助普通判断力就可以判断。可惜的是,我们在一度舆论升腾的梁丽案件和曾经议论鼎沸的许霆案件中,看到太多昧于常识的判断。

初闻梁丽案,我还以为这个名叫梁丽的保洁员因为"捡到"装着黄金首饰的纸箱而像许霆一样被法院判处无期徒刑,定神一看才知道,所谓"无期徒刑"不过是构成盗窃罪之后,以如此巨大数额,律师推测、大家相信可能判处的刑罚。大家炸锅似的议论,建立在公安机关"起诉意见"和可能的判刑预测基础上,检察机关尚未给本案定性,深圳市宝安区检察院发表声明称:"该案目前处于公安机关补充侦查阶段,尚未到最终处理阶段;办案人员从未对该案定性发表也不可能发表所谓倾向性意见。"原来,刺激大家纷纷在网络上驻足议论的,是一架若有若无的风车的影子。

这个案件并不是扑朔迷离的复杂案件,作出事实判断不需要特别智慧和专业知识,具备普通判断力就可以了。按照媒体披露的案情:8点20

分,保洁员梁丽在机场候机大厅里打扫卫生,在19号柜台附近垃圾箱旁,看到无人看守的行李车上有个小纸箱,以为是乘客丢弃的,就顺手把小纸箱当作丢弃物清理到清洁车里。约9时左右,梁丽走到大厅北侧距案发现场约79米远的16号卫生间处,对同事曹某称自己"捡"到一个纸箱,里面可能是电瓶,先放在残疾人洗手间内,如果有人认领就还给人家。从这段事实中可以看到:尽管梁丽自称误以为这是乘客的遗弃物,但也意识到有可能是乘客的遗忘遗失物。纸箱沉甸甸的,不看内容物也知道那不太可能是垃圾(她告诉工友捡到东西了,也证明她知道那里面不应是垃圾),她跟同事讲如果有人认领就还给人家,同样表明她已经想到这个纸箱有可能是乘客的遗忘遗失物。

要说"捡拾"到小纸箱的时候她不知道里面有什么"贵重"的东西,相信绝大多数人会赞同,顶多在这个时候她知道里面有"沉重"的东西而已。本来,既然怀疑有可能是遗忘遗失物,就应该向单位汇报,由单位处理,梁丽毕竟不是走街串巷捡拾垃圾自谋生路的人,也不是在路上拾到别人遗失物的行人,这是一个不能忽视的常识判断。

退一步讲,梁丽自己先行查验纸箱以便确定是否真的是遗弃物,也不值得大惊小怪。不可忽视的是,梁丽在将纸箱拿回家之前,有足够机会验证纸箱里有什么以及那首饰是不是黄金首饰。就在快下班的时候,工友曹某告诉她捡的纸箱内装的可能是黄金首饰,梁丽来到洗手间从纸箱拿出首饰查看,并取出一件首饰让同事韩英拿到大厅内的黄金首饰店询问。韩英回来告诉梁丽,这首饰和首饰店里所卖的黄金首饰是一样的。媒体报道说:"梁丽以为韩英跟自己开玩笑,觉得这么贵重的东西不可能没人要,顶多是从路边小摊买的假首饰",这里梁丽再不相信这些首饰是遗失物而不是遗弃物就显得有点矫情了。有曹某告知在先,梁丽自己也一定掂量过首饰的分量,相信她一定产生了这些饰品有可能是黄金打造的疑虑,否则也不会让韩英去验证了。这个疑虑在韩英验证后不但没有增加反而忽然消散,与常情常理不合。梁丽此时将这些首饰带回自己的住处,非法占有这些财物的意图不可谓不明显。

不仅如此,下午4点,曹某告诉梁丽失主已经向警方报案,梁丽能够沉住气不立即将纸箱送交机场,心大如此,有点匪夷所思,直到傍晚6时,警察找到梁丽,问其是不是捡到纸箱,梁丽回答"没有"。梁丽的丈夫催促说,你要是拿了就还给人家。在这种情况下,梁丽才从床底下拖出纸箱交给警察,其非法占有他人财物的意图昭然若揭。

本案引起热议的是梁丽是否构成犯罪,以及构成盗窃罪还是侵占罪。我们看到网络上一些似是而非之论:有人认为此案属于不当得利,不属于刑事性质,应当是民事案件。还有人甚至呐喊:"清洁工梁丽拾金无罪。丢失者应负全责。梁丽将东西交还失主,应得一定数额的报酬才合天理!"梁丽所属清洁公司声称:梁丽隐匿捡拾物的行为不过是违反纪律行为。清洁公司慷慨宣布:随时欢迎梁丽回来。

这桩机场黄金丢失奇案,让我们意外看到无所不在的揩油现象。记得多年以前曾在一本书中读过有外国人将"揩油"看作中国人的普遍现象,老妈子出门替主人买菜也要从中揩油,占点小便宜。梁丽将"捡拾"到的黄金饰品拿回自己家里,大概就是机场清洁工长期揩油的自然结果。清洁工一边为机场保洁来赚取工资,一边又留意捡拾值钱的物品。要是捡拾一些价值不大的东西私下隐匿,不过是违反纪律的行为,捡拾大宗值钱物品而隐匿不报,意图占为己有,就不能简单说是违纪行为了,至少梁丽捡拾沉甸甸的纸箱并发现里面是首饰再搬回自己家中的行为就绝不再是违纪行为而是涉嫌犯罪了。

这桩案件也让我们看到乘客的大意,他可能太过于相信机场的安全,认为东西只要放在手推车上就不会被人拿走;也可能是因为太过匆忙,注意力完全转移到办理登机手续上,忘了将手推车置于自己的视野内。带着这么贵重的物品大咧咧做事,真该推出午门之外把午饭打出来才对。

本案另一引起热议之处,是梁丽涉嫌构成犯罪的前提下涉及的具体罪名问题。学者专家在没有掌握公安机关收集到的那样多的材料之前放胆置喙,有信用破产的风险。但我认为,要做出大胆推测似乎也不算难,要是媒体披露的种种情况都属实,那么梁丽"捡拾"遗失物之初并没有向工友隐瞒的事实,与我们惯常理解的盗窃实在有点距离。梁丽不向工友隐瞒"捡拾"到纸箱,原因不难推测:梁丽起初并不知道纸箱里的物品如此贵重,发现那些首饰有可能是黄金时,已经与"捡取"纸箱隔了一段不算短的时间了。要说梁丽"捡取"纸箱之时就有盗窃之意,与其起初的行为表现不能相合。我审时度势、左顾右盼、勤查法典的结果,也倾向于认为梁丽的行为与侵占罪蛮贴切,构不上盗窃罪。

梁丽案件一经披露,有人立即联想起许霆案,这毫不奇怪。假如梁丽被判决构成盗窃罪,按照涉案数额,可能量刑非轻。这两起案件还有一个共同点不应被忽视,虽然梁丽和许霆行为都是在特殊情境下发生的,被害单位和被害个人都有重大失误在先,但毕竟他们都应该是有罪的(许霆已经被定罪)。在热议梁丽案件时,不少网络行人为梁丽喊冤,认为捡拾别人丢失的东西犯啥法,一如当初不少人为许霆鸣冤,哭喊着说许霆从自己的账户取钱就像从自己口袋里往外掏东西,犯的是哪家的王法。人们忽视这样的事实:梁丽后来的行为已经有侵占嫌疑,不再是捡拾失物并为失主保管,这种行为不但不追究法律责任还奉送"感谢金",这种想象实在太过文学性。梁丽案和许霆案引发的许多议论,暴露出我们许多网民昧于常识判断,甚至暴露出不少专家学者之普通判断力的缺失。

## 上访时代的"糖瓜祭灶"

有些案件，虽经司法审判，貌似定谳，实则了犹未了。

河南发生的李怀亮案件，是许多这类案件中的一件。

此案因"死刑保证书"而名噪一时。法院几番周折，对此案作出过三种判决——有期徒刑15年、死刑立即执行、死刑缓期执行，但都因证据不足而无法定谳，11年后法院最终宣布李怀亮无罪。

案件像是探案小说一样开了头：河南叶县北边湾里村是一个不足百户人家的小村庄，村子近邻沙河，2001年8月2日黑黢黢的夜晚，杜玉花带着13岁的女儿郭晓萌来到河堤捡拾"爬叉"（蝉蛹——可以换来钱的一种药材）。河涨了水，两人分头捡拾"爬叉"。等到杜玉花想要和女儿会合时，却发现女儿不见了，郭晓萌提的矿灯找到了，但人却不见了，而且一夜都没能找到。起初以为是不慎落水而死，没想到报警两天后在河的下游庄头村发现了郭晓萌的尸体，尸检结果显示，郭晓萌先被人掐死后弃尸河里，生前还被性侵。警察还带来了另一个消息：郭家的邻居李怀亮是凶手。

既然李怀亮是凶手，那就一命抵一命——实现自古以来国人心目中的"自然正义"好了。可是这命一时还抵不得，2003年叶县法院开庭审理此案，李怀亮当庭认罪并向郭家表示忏悔，说"我不学法，不懂法，我杀了人，对不起郭松章一家,等来世再报答",李怀亮的姐姐当场阻止:"你没有杀人你犯啥法啊!"李怀亮的亲属提出质疑:现场留下的血迹是 O 型,被害人是 A 型,李怀亮是 AB 型,血型无法吻合;精液精斑也与李怀亮的对不上。另外,李怀亮卖了几十个"爬叉"给村支书的儿子,要是李怀亮当晚作案,不可能边强奸杀人边手攥装"爬叉"的蛇皮袋子,要是松了手,"爬叉"就会跑得精光,怎么可能捉得几十只卖钱?叶县法院第二次开庭时,李怀亮翻供,称以前的有罪供述是警察刑讯造成的。叶县法院没有采纳李怀亮的辩解,以"基本事实清楚"为由判处李怀亮有期徒刑 15 年。此案选择在叶县法院起诉本身就注定了这一判决结果。要是证据确实、充分,早就向中级人民法院起诉了,等在李怀亮面前的差不多就是死刑了。

在杀人案件中,要想使被害人亲属和被告人亲属都不满意,就作出"留有余地"的判决,这种判决的实质是"疑罪从轻",目的是留下活口,等待以后的"翻案"机会。这让双方都不满意:被害人亲属的心理,既然认定被告人杀人,怎么不让他偿命?被告人亲属的心理,既然证据不足,怎么还认定其亲人有罪;反过来,要是真有罪,怎不抵命了事?自然是双方都不会服判。双方亲属不服判决的结果,是双双上访,让上级法院或者权威部门给个公道。

告状乃至上访,出了名的是河北的杨三姐告状,发生在民国七年(1918年)、民国八年(1919 年),杨三姐告状作风之强韧、泼辣,因评剧《杨三姐告状》活灵活现的描摹而广为人知。这件事年头远了,且不去说它。当代告状者的代表形象是文艺作品中虚拟出来的人物秋菊,这个因村长踹了她丈夫的下体而不停讨说法的农村妇女,执着、执拗地上访告状,让警察有朝一日终将村长捉到官里去——当然,秋菊志不在此,她只不过想要个说法,如此而已;不过,村长被警察带走,谁都不能否认与秋菊不停上访有因果联系。不同时代的两个故事,树立了告状、上访的正面形象,也释放出"有志者事竟成"的信号,成为告状、上访者的励志故事。有些成功的现实案例鼓励人们寻求上访获得解救的机会,如孙万刚案件就是因其姐姐到北京上访而获得最高人民检察院的重视,最终由当地检察机关复查而获得改判无罪的机会的。

如今的上访本来是政府实行亲民政策的结果,人民政府依此体现自身的人民性。人民群众有意见、有建议、有冤屈,可以循着信访途径进行陈情、予以反映、寻求处理,实现下情上达。上级政府可以借信访制度了解下级政府的执法和贯彻政策的情况,掌握下属的这些信息,做到耳聪目明,以利对下属施加有力控制,纠正下属工作中的各种错误,让民众成为监督者和信息提供者。因此,对于上级政府来说,这么多年来虽然对上访事件颇感头疼(涌来太多的上访者破坏了表面的和谐),但不可能取消这一制度。

北方各省,因赴京上访在交通方面的便利,再加上传统意识的促发,近些年上访乃至"京控"一直都很活跃。

考察上访这档子事,可以发现,上诉的历史可以追溯到先秦时期的立肺石、邀车驾之类的做法,古代直诉制度就是为了让国王或者皇帝能够获得下面的官员的资讯和纠正错误的目的而建立起来的。不过,直诉是一项正式的诉讼制度,这一点与现在的信访制度略有参差。当下的信访、即使是涉讼信访也不是一项诉讼制度,如果一起案件经过了司法裁决,当事人及其亲属穷尽了司法救济的渠道,开启信访的大门,等于在"法治"之外别寻"人治"的渠道。

杜玉华和李怀亮的姐姐李爱梅奋力打开上访的大门。

中原地区是很传统的地方,古旧遗风犹存:遇有官府为自己申冤,便敲锣打鼓送锦旗来表达感激之情;遇有冤抑事就上访告状,希望更高的官阶上坐着青天。河南及其周边诸省都差不多一样,虽然时代变了,百姓的情感反应,与多年前帝制时代几乎一模一样。

古时候京控即使递上状子也是要打板子的,这是为了堵住诬告之门,因此没点冤屈大概不大会冒这个风险。现在的上访也是一条艰辛的道路,意志决定了上访者是不是能够坚持下来,此外,还取决于其自认的冤屈程度以及获得申冤的期待大小,他人上访成功或者获得利益的事例都能够起到鼓励作用。有些误以为冤屈甚至自知未必冤屈的人,因性格的偏执而不断上访,造成地方官员十分"头大"。上面的政策是本地若有京控者,特定领导就要鞠躬下台,于是地方官府派出警察甚至检察官、法官围追堵截上访者,一遇敏感时期便守候常年上访者,在其住所周边严密防守,防止其上访,乃至政府拨出"维稳"费用满足上访者有理或无理要求,安排其旅游度假,不知糟蹋了多少纳税人的银两,其效果却适得其反地培育起刁民文化。

当然,在上访的人群中,不乏相当理由和诉求正当的上访者。

杜玉华和李爱梅都有足够的理由来上访。法院本来应该根据案件证据和事实作出适当的判决,和稀泥式的判决不但不能使双方满意,还使自己无法自圆其说。殊不知刑事诉讼法早在1996年已经纳入疑罪从无原则,要求法院在证据不足情况下作出"证据不足、指控不能成立"的无罪判决,但法律规定是一回事,司法实践是另一回事。对于杀人案件,法院最担心的,一是错判无辜者有罪,好在这还有公安机关和检察机关"陪绑",过错不由自己一家承担责任;二是判决无罪而被害人亲属不满,造成苦主闹事难以收拾。杜玉华的上访,让法院一脚踩进泥沼,"死刑保证书"就这样进入了司法案卷。

"死刑保证书"是被害人亲属向法院作出的保证(按其内容,存在着被害人与法院的"幕后交易")——将李怀亮判处死刑,作为交换条件,被害人亲属表示不再上访缠讼。对于这一保证,法院的解释苍白无力,其声称那是被害人亲属的单方面诉求,并非与法院达成的协议。不过,凡事就怕联系起来观察。保证书签署的时间是 2004 年 5 月,当年年初,平顶山市中级人民法院撤销了叶县人民法院的判决,改由平顶山市人民检察院重新向平顶山市中级人民法院起诉。2005 年 6 月平顶山市中级人民法院判决李怀亮死刑、剥夺政治权利终身,正是在被害人亲属写下"死刑保证书"之后,这怎能不给人想象空间,认为法院与被害人家属有着不可告人的"交易"? 死刑判决不正是安抚被害人亲属使之不再上访的甘饵——就像给灶王爷上天述职之前的"糖瓜祭灶"?

奇怪的是,本案平顶山市中级人民法院撤销叶县人民法院的判决在诉讼程序上不无可议之处:平顶山市中级人民法院撤销原判、发回重审不知是否在二审程序中,若是二审程序又怎可能在一审判决一年以后? 改由平顶山市人民检察院重新向平顶山市中级人民法院起诉,其程序运作同样令人狐疑:若是叶县人民检察院撤回起诉,没有新的事实、新的证据,即便是平顶山市人民检察院也不能再起诉;若不是在审判监督程序中,由叶县人民法院以案情重大为由请求移送中级人民法院进行第一审即可,何劳平顶山市人民检察院重新起诉? 若是在审判监督程序中,那么,原有一个生效判决,怎能通过上级法院未经正式审判先予撤销,再由下级检察院撤回起诉抹个干净,从头再来? 要知道,刑事诉讼法并未规定在再审过程中撤销原判,只可中止执行也。

对于李怀亮作出死刑、剥夺政治权利判决之后，杜玉华果然认为冤屈得申，不再上访。不过，2005 年 11 月，河南省高级人民法院又根据 2003 年的一份检验报告（报告的内容是被害人的血型是 A 型，李怀亮的血型也是 A 型，但现场发现的血型却是 O 型），撤销平顶山市中级人民法院的判决，后来在 2006 年 4 月又"留有余地"改判李怀亮死刑、缓期两年执行。奇怪的是，这审理期限不知依据何国刑事诉讼法确定的，只怕是经不起严格检视。

李怀亮被改判死刑、缓期两年执行之后，杜玉华又开始上访，这以后的上访变成"非法上访"，既然上访变成"非法"，那遭遇又换了一番境界。

到了 2013 年，这一案件又变戏法似的转到平顶山市中级人民法院手里，平顶山市中级人民法院作出无罪判决。可是在此之前是河南省高级人民法院作出的死刑缓期两年执行的判决，若要改判，也应由河南省高级人民法院以审判监督程序且依第二审程序改判。本案不但实体裁判令人大开眼界，诉讼程序也令人眼花缭乱，如堕五里雾中，变得傻头傻脑了。

平顶山市人民检察院没有就李怀亮案件的无罪判决提起抗诉，据说是参考河南省人民检察院的指导意见作出的决定。不过，案件被害人亲属的上访情节也许接上线头还会继续演下去。此前法院作出四个不同的判决，被害人三次被开棺验尸，双方家属进行了长达 11 年的上访，当地政府为应付上访花费了几百万元人民币，发现事实真相的机会早已错过，变得像 2001 年被害人手里的矿灯一样，撒手了，熄灭了。

# 伤心之丘

仔细看了又看，没错，商丘，又是商丘。

上次注意到商丘，是因为赵作海案件。那是举国皆知的错案，如今在人们的记忆中有点暗淡了。

这次是杨波涛，人变了。

但是，案件的肇始仍有相似之处，还是碎尸。

死者的性别不同了，这次是女的。

死者是李月英。确实死去了，不会有活着回来的李月英来为杨波涛证明清白。直到现在，杨波涛头上的阴影还没有消散。

仔细看了又看，案发在 2001 年。杨波涛被逮捕是在 2004 年，关押了 10 年，杨波涛重新走入阳光，没有高墙阻挡的阳光，没有铁窗过滤的阳光。

2004 年，是《刑事诉讼法》1996 年修订后的第 8 年。

如果案发在 1996 年以前，好像说得过去，法律不健全，司法人员的人权意识不强，侦查水平不高，一股脑儿都可以推给那时的劣质司法条件。

2004 年就说不过去了。

距离 1996 年《刑事诉讼法》修正已经 8 年，那次修法增加了"未经人民法院依法判决，对任何人都不得确定有罪"的原则，尽管立法机关至今未正式认同无罪推定原则,但宣称吸收了无罪推定的合理因素。这合理因素,就是对于疑罪案件确立疑罪从无原则,人民检察院对于这类案件可以作出不起诉决定,人民法院应当作出"证据不足、指控不能成立"的无罪判断。

那次修正后的《刑事诉讼法》被当时最高人民法院一位副院长赞誉为"一颗璀璨的明珠"。

但是,在明珠璀璨 8 年之后,在杨波涛案件里,却忽然明珠暗投了——《刑事诉讼法》对于这类案件的处理给出的答案变得苍白无力,喊了多年的司法理念转变风流云散,没发挥什么作用。

那时最高人民检察院、最高人民法院就适用《刑事诉讼法》分别制定、颁布了长达数百条的司法解释,其中规定:以暴力、威胁、引诱、欺骗等非法方法取得的犯罪嫌疑人、被告人的供述与辩解不能作为起诉的依据和定案的根据。这一规定,直到 2010 年两高三部共同出台《关于办理死刑案件审查判断证据若干问题的规定》和《关于办理刑事案件严格排除非法证据若干问题的规定》,没有得到应用。

2005 年至 2009 年间,杨波涛先后三次被商丘市中级人民法院判处死缓、死缓、无期,但三次均因"事实不清"被河南省高级人民法院发回重审。河南省高级人民法院确实发挥了挡回可疑有罪判决的筛选功能,但就是不肯根据《刑事诉讼法》作出"证据不足、指控不能成立"的无罪判决,宁愿将此案一退再退,坐视杨波涛长达数年被羁押而无所作为。

这是为什么?

司法机关没有担当,是因为案情重大。杀人碎尸,手段残忍,情节恶劣,一想到可能释放一个杀人凶手,没人愿意冒这个风险。上级司法机关将球往下面踢,期望下面能够收集到新的证据,让上级司法机关有信心维持有罪判决。何况一旦依法作出无罪判决,死者的家属可能上访,一旦被上访者缠上,仿佛小膏药似的贴上,轻易摆脱不了,还是交给下级去处理这个棘手的案件吧。下级司法机关同样不敢放人,收集不到新的有力证据,硬着头皮一判再判。"三击不中,淘汰出局",还是检察机关撤回起诉来得干净。检察机关撤回起诉了,公安机关竟然还继续对他采取强制措施,取保候审的魔手仍然抓着他的辫子。事情看似没有完,杨波涛期待的无罪结论始终没有。他只能盼望真凶落网,还他一个清白。

公权力违法的事实仍在继续。公权力机关并不敬畏国民个人的自由权利,"商丘市公安局前进分局取保候审决定书"上面堂皇写道:"我局正在侦查(决定书上此栏显示空白)案,犯罪嫌疑人杨波涛不能在法定羁押期限内办结,需要继续查证、审理,决定对其取保候审,期限从 2014 年 2 月 11 日起算。"法定羁押期限早就过了,从合法羁押到 2014 年 2 月 11 日取保候审,公安司法机关的超期羁押已经成为"非法拘禁",谁为这种违法行为承担责任?没有人负责,超期羁押就超期羁押了,违法而不受追责,当然就没有人会对恣意侵害个人的人身自由感到畏惧。

噫!笔者注意到撤回起诉在中国也是一种"奇妙"设计。目力所及一些国家和地区,撤回起诉的实质是"撤销公诉",起诉一经"撤回"意味着诉讼到此终结,哪里有退回审查起诉甚至侦查阶段一说?这一制度,我国民国时期立法和有关解释已经完备,如 1946 年出版的《最高法院判例要旨》中便有 1933 年一则判例云:"检察官侦查终结制作不起诉处分书,系未经起诉时之程序;若案经起诉,除得依法撤回外,检察官无再为不起诉处分之余地。"不仅如此,1931 年司法院院字第 523 号解释称:"起诉经撤回后,毋庸再为不起诉处分。上级首席检察官因声请再议,命令起诉为违法,下级法院检察官依之起诉,法院应为不受理之判决。"同年院字第 528 号判解又称:"检察官撤回公诉,毋庸制作不起诉处分书再行送达。"撤回起诉与不起诉效力一样都具有终止诉讼的效力,既然效力相同,撤回起诉之后没有再行审查起诉的空间,自然不能再进行审查起诉。不仅如此,案件一经撤回起诉,没有新的证据和新的事实不能再起诉。同样,侦查机关固然可以继续查证,但没有新的证据和新的事实不能对被告人采取强制措施。这是人权保障和稳定法秩序之所需,岂可儿戏?司法人员昧于此理,司法解释不能吻合法理,才有此撤回起诉后侦查机关继续对被告人采取强制措施之举。

赵作海案给我留下深刻印象的是,用在头顶放鞭炮的方式进行恐吓逼供。这种富有想象力的刑讯方法印证了泰戈尔的一句话:"如果人是野兽,就比野兽还坏。"野兽没有人的想象力。在残害同类的方法上,人绝对称得上"万物之灵"。

这次是强逼喝下屎尿。

2004 年 5 月底在商丘市天宇宾馆,警方对杨波涛进行十几天的"突审",赤身裸体,回归原始人的生态,这位司法丛林中的"泰山"无法挺过非人的折磨,他进行了有罪供述,随后压力有所缓解,一直翻供。

对于翻供,几乎所有案件的公诉人和审判人员都感到头疼,公诉人不希望自己的控诉产生变数,更不希望败诉。审判人员希望审判过程顺风顺水,翻供可能造成法槌敲不下去,案件要烂在手里,没有多少人去想翻供后的口供可能是真实的,没有多少人有耐心去听一下被告人怀有一线期望的无罪辩解。

翻供被简单归结为狡辩。

被告人在法庭上陈述受到刑讯逼供,往往不会受到司法人员的认真对待。

杨波涛自述受到刑讯逼供的情况令人震惊。在上访材料中,杨波涛描述了商丘市梁园区公安分局时任局长刘玉舟等人是怎样进行逼供的:十几个昼夜疲劳审问,不让睡觉;拳打脚踢;拔光胡须、腋毛。更令人难以忍受的,是强灌屎尿,还揉捏睾丸,拔光阴毛。

如果杨波涛所述属实,用这种方法进行刑讯的,到底是警察,还是流氓?

对于到底有没有刑讯逼供,需要严肃追问。

没有揭去最后一层遮羞布的时候,刑讯者都不会承认刑讯逼供。

但是,他们的否认不被公众相信。人们相信的正相反:刑讯逼供照行如仪,而且花样翻新。

谁来调查这一疑问,给公众一个可信的结论?

扮演原告角色的检察机关很难再扮演中立调查者的角色,角色内冲突造成在法律监督的光环下,检察机关难以真正有决心、有勇力调查和追诉刑讯行为和刑讯者。道理不难理解:当一个人同时处于几个互不相容的地位时(角色间冲突),或当一个角色具有几个互不相容的期望时(角色内冲突),就产生了角色冲突。检察机关既是公诉机关(属于诉讼中控诉一方)又是审判监督者,这就不可避免产生了角色间冲突:作为监督者,其地位应当是超然的,然而不然,作为控诉方(所谓当事的一方)追求的是给被告人定罪的诉讼结果,显然又不占据超然的地位,因此必然产生难以解决的地位冲突,这种冲突只能依靠选择其中一个角色而放弃另一角色来解决。

当初主持对杨波涛审讯的刘玉舟在 2011 年因受贿罪、巨额财产来源不明罪锒铛入狱，据说在侦查阶段交代了刑讯杨波涛的事实。

但是，这对于杨波涛的命运没有什么改变作用。

谁会关心一个"有罪者"人权受到侵害的事实？

值得反复提及的一个事实是：我们注意到无辜者或者明显可能的无辜者司法人权遭受侵犯的事实，但司法人权绝非无辜者或者明显可能的无辜者的司法人权，而是所有被追诉者的司法人权。有罪者的司法人权得不到充分保障，隐没其中的无辜者的司法人权也得不到保障。

杨波涛的悲剧并不是杨家的悲剧，而是所有人的悲剧。在司法人权意识高涨的当下，我们还存在不少人权保障的死角。社会上的所有的人都是可能的涉讼人，司法人权得不到充分保障的事实对所有的人都是潜在的威胁，每个人都会因为糟糕的司法状态而感到不安全，就像社会上犯罪率高发一样，感到不安全。

在杨波涛被释放前，杨家用中世纪的方式乞求应得的公道。杨波涛的父母记不清自己多少次到公安局、检察院上访。按他们的说法，"我们夫妇俩曾经多次跪在检察院门口，求他们还儿子一个清白。"这是底层民众在和平表达方式中唯一能够选用的方法，却也是最屈辱的方法。

事实证明，最屈辱方式表达诉求，也往往徒劳无功。

我们没有能力体会杨波涛父母和其他亲人在长达十年的时间里遭受的巨大精神折磨。

世界很容易成为一个地狱，如果世界没有温暖，没有理解，没有宽容，更主要的，是没有公道。

对于十年的牢狱苦难，自由生活在社会的人无论如何都难以体会。我们对杨波涛满怀同情,但只有经历过漫长时间禁锢岁月的人,才能告诉你那些日月真的意味着什么。

这一悲剧的形式发生了一些重大变化,但悲剧还在继续。

我们所能做的,是通过呼吁,努力,去消除造成这一漫长悲剧的病灶。这不会是一蹴而就的事业。

我曾经到访商丘,据说那是中国商业的起源之地,商人之"商"就是商朝之商,商丘之商。商丘旧城至今保持着古朴的风貌,新城则现代感十足。我们的司法似乎也是这样。新的制度夹杂着旧的规范,旧的办案习惯混合着新的司法理念。司法有着明显进步,却也偶尔存在不足为外人道的愚暗与野蛮。古城的格局是城墙内城中央隆起,整个古城是一个龟的格局。

我不知道何以名"丘",只知道赵作海案件已经让商丘政法机关颜面尽失。如今曝出的杨波涛案件让我们再一次聚焦于商丘。

商丘不会是"伤心之丘"吧?

如果我们不能从赵作海案件、杨波涛案件中学得更文明、更现代、更有智慧,"伤心之丘"又何止一个商丘?

如果我们不能学会用赵作海、杨波涛的眼睛重新观察世界,重新审视司法,并且为司法公正付出心力,又怎能抹去每个人心中可能都隐伏的"伤心之丘"呢?

我们应当继续关注商丘,悲剧还没有落幕。

社会正义的"活人祭"

　　只有特殊的民事案件才会成为媒体和公众关注的焦点,例如香港"小甜甜"(龚如心)与其公公争夺遗产的案件就格外吸引人们的注意,当法院作出终审裁决,"小甜甜"胜诉,这个事件在香港人的记忆里还会徘徊很久。家财不止万贯的"小甜甜"本来就是备受瞩目的"传奇人物",她的丈夫两度被"绑架"最终生死不明,本来就是人们乐言不疲的谈资,翁媳各自提出一份遗嘱争夺巨额遗产,当然具有轰动效应。不过,像龚如心这类引起民众和媒体关注的案件并不很多。与民事案件相比,刑事案件才容易成为百姓街谈巷议、媒体追逐竞相报道的案件。特别是死刑案件,涉及一个人生命的予夺;或者被害人死亡的案件,涉及沉冤是否得雪,就往往牵动人的心弦。近年来,不少刑事案件得到媒体报道,网上更是议论鼎沸,这种舆论反响甚至影响到一些案件的最终处理结果。

　　王斌余案件是受到广泛关注的一起刑事案件。

　　2005年9月21日出版的《检察日报》以整版的篇幅报道了这起案件的事实经过,并附有评论和网民对该案的看法。按照该报报道,2005年6月29日,宁夏石嘴山市中级人民法院作出了一审判决,长达8页的判决书记载了5月11日发生的那场惨案。5月11日晚10时30分,王斌余和他的弟弟王斌银随身携带匕首到某工地工头吴新国夫妇住处索要生活费,吴新国拒绝了他,双方发生争吵。由于吴新国没有开门,双方隔门争吵不休,王斌银持续不断敲门,吴新国就给住在附近的民工吴华打电话,让他把王斌余劝走,吴华招呼自己的岳父苏文才、妻哥苏志刚、妻子苏香兰一起去劝解。苏志刚赶到吴新国门前劝王斌余兄弟离开。王斌银对苏志刚说起下午到劳动部门投诉的情况以及来此的目的,双方话不投机。吴华等人来后,王斌余兄弟与苏文才、苏志刚父子发生争吵,在争执中苏文才打了王斌余一耳光,双方发生厮打,王斌余抽出随身携带的水果刀将苏志刚、苏文才、吴华、苏香兰捅倒在地,随后又将吴新国的妻子汤晓琴捅成重伤。王斌余追赶出外报警的吴新国不及,返回后对已经倒地的苏志刚等四人挨个捅刺,造成四人死亡。当晚 11 时 55 分,王斌余到公安部门自首。

仅看上述事实,本案没有什么特异之处,不值得特别关注,但一媒体记者采访王斌余本人,以《高尚的死囚:死囚最后愿望——关注农民工》为题发表了报道文章,大量篇幅描述王斌余打工的艰难,对于他杀人经过和被害人情况却语焉不详。媒体报道将案件的发生与农民工的困境联系在一起,激起人们对王斌余极大同情,舆论遂转而为王斌余扼腕,觉得事出有因,不应判处王斌余死刑。有的媒体报道使许多人误以为,王斌余杀死的都是直接迫害他的包工头及其帮凶,导致他激愤杀人的原因是他长期受欺凌,案发时又受到多名被害人拳打脚踢等。人们将对农民工艰难处境的深切同情投射给王斌余案件以及王斌余本人,将这一惨案看作是个人以暴烈的私力挽回倾颓的社会正义的典型事件,使案件不再是一桩简单的刑事案件而是有着深远社会背景、值得广泛关注的事件。一旦案件被赋予了普遍社会意义,与一般案件就有所不同。有网友质问:"犯罪后果王斌余承担,把他变成杀人犯谁负责?"

实际上,了解案件事实的全貌和原貌,会得出结论:就案件本身和王斌余身世背景而论,判处王斌余死刑并非量刑失当,王斌余携带刀具上门讨取生活费,已经埋下肇祸之因,不听劝阻与人发生争执,盛怒之下行凶伤人,连续对数名被害人捅47刀,造成四人死亡、一人重伤的严重后果,虽有投案自首情节,但不足以从轻判处。刑法学专家就此发表自己的见解,一般也都认为法无可赦。起诉该案的检察官对案件适用法律引起争议感到诧异。

不过,即使王斌余应判处死刑并无悬念,本案引出的问题仍然值得关注,那就是社会正义的实现在我国仍然存在许多问题,不可等闲视之。王斌余案件是由不能够顺利实现分配的正义引发的案件,这类悲剧和惨案提醒我们:社会不正义之"庆父不死",社会矛盾引发恶性事件就"鲁难未已"。

"社会正义"主要体现在人们居住、学习和工作这三个领域,涉及人们平等的居住、学习和工作的权利。人们关注的社会正义主要与《世界人权宣言》表达的如下权利有关:"工作的权利,自由选择就业的权利,获得公平而有利的工作条件的权利,保证就业的权利……同工同酬的权利……""直接与人的个性的全面发展及进一步尊重人权和基本自由有关的教育的权利……""获得有利于自身和家庭的健康和福利所应达到的生活标准的权利,包括食品、衣物、住房、医疗保健及必需的社会服务等。在失业、疾病、伤残、寡居、年迈或在人们无法控制的环境中缺乏其他生活保障的情况下,获得社会救济的权利。"罗尔斯在《正义论》一书中,具体解释何谓"社会正义":"为使观念确定起见,让我们假定这样一个社会,这个社会是由一些个人组成的多少自足的联合体，这些人在他们的相互关系中都承认某些行为规范具有约束力，并且使自己的大部分行为都遵循它们。"社会中的人既有利益一致性，也存在利益冲突，"由于社会合作，存在着一种利益的一致，它使所有人有可能过一种比他们仅靠自己的努力独自生存所过的生活更好的生活；另一方面，由于这些人对由他们协力产生的较大利益怎样分配并不是无动于衷的（因为为了追求他们的目的，他们每个人都更喜欢较大的份额而非较小的份额），这样就产生了一种利益的冲突，就需要一系列原则来指导在各种不同的决定利益分配的社会安排之间进行选择，达到一种有关恰当的分配份额的契约。这里所需要的原则就是社会正义的原则，它们提供了一种在社会的基本制度中分配权利和义务的办法，确定了社会合作的利益和负担的适当分配。"罗尔斯还提出"组织良好的社会"的概念，"一个社会，当它不仅被设计得旨在推进它的成员的利益，而且也有效地受着一种公开的正义观管理时，它就是组织良好的社会。"在这样的社会，每个人都接受、也知道别人接受同样的正义原则，基本的社会制度普遍地满足、也普遍为人所知地满足这些原则。简单地说，组织良好的社会就是社会正义得到保障、能够实现的社会。

当社会正义原则被违反，个人自由权利受到侵犯，平等原则被歧视所破坏，司法救济渠道的畅通就十分重要了。亚里士多德指出：对于不正义，"在争论不休的时候，人们就诉诸裁判者。去找裁判者就是去找公正，裁判者被当作公正的化身。诉诸裁判者就是诉诸中间，人们有时把裁判者称为中间人，也就是说，如果得到中间，也就得到了公正。公正就是某种中间，所以裁判者也就是中间人。"社会正义的维护，需要两个条件，一是法官本身有较强固的现代社会正义观念和道德勇气；二是对于诉至法院的案件,法院不能以无法律根据为理由拒绝裁判。不正义的事实发生或者被认为发生,纠纷不能自行解决而诉至法院,动用公权力为权利受损害者提供司法救济,属于法院裁判义务的应有之义,法院不能以没有法律依据为理由拒绝履行维护社会正义的国家功能。在我国,还需要加上一条,那就是以高效率和高执行率使社会正义不会姗姗来迟。

王斌余案件的悲剧是可以避免的,试想:如果社会正义实现的机制健全而且运作良好,农民工不再长期生活在歧视、欺侮、暴力逼迫和精神胁迫之下,他们付出的辛苦能够即时转化为个人的财物;如果我们的社会机会均等,社会分配合理,当他们的权益受到损害,可以借助纳税人供养的国家专门机关讨回公道,他就没有必要怀揣利器,到包工头门前索要生活费,叫骂乃至厮打,又怎么会出现四人被杀死、一人被杀伤的惨剧呢?

人们留意到,王斌余曾试图通过正当途径解决问题。不仅王斌余如此,那些绝望地爬上高高的铁塔或者楼顶以死相挟讨要血汗钱的农民工,也大都多次奔波于劳动部门、司法机关或者其他政府部门,但这些渠道对于这些无权无势无知无识的农民工来说,往往肠梗阻、不畅通,造成欺凌他们的人有恃无恐、变本加厉。无奈之下,被欺凌的人除了寻死觅活,或者假装寻死觅活寻求有关部门和社会的关注,还有啥法可想?

# 面子、心态与法律的尊严

辽宁省本溪市和黑龙江省铁力市的侦查机关陷入了二十二条军规式的困境：对于一桩事实，本溪市中级人民法院作出了生效的民事判决，但经过两地侦查机关的侦查，这一事实实际上构成了刑事犯罪，本溪市中级人民法院提出刑事审判确认该事实构成犯罪再改民事判决，但两地侦查机关面临的问题是，不纠正该民事判决就不能启动刑事审判程序。

于是司法机器吧嗒一声，处于"死机"状态。

对本案进行的法理探讨就此热闹展开。

这个案件，涉及生效判决的既判力问题。

乌尔比安《论尤里亚和帕比亚法》第1编有一句著名格言："已决案被视为真理。"我爱这类短语，恨不得有机会就引它一用。句子那么短，却一语中的，多了不起。乌尔比安这句格言表述的是既判力，这词儿显得学问太大，通俗一点说，判决一旦生效就几乎牢不可破，一般情况下不可推翻，法官不能轻易改变或者撤销，这是稳定业已发生紊乱的社会关系所必需的。不过，"视为真理"不一定实质上就是真理，法官判决的真正权威在于它实质的公平性、正义性，也就是按照法律的正当程序对案件的证据、事实进行正确认定，然后准确适用法律作出正确裁决。生效判决一旦被证明确实是错的将如何呢？民事诉讼法学者承认："从作出正确、公正的裁判的理想来说，不管有什么样的瑕疵一律不准撤销已确定的判决，也是不合理的。"由于这个缘故，人们可以通过法定再审程序改变这一判决。

所以，问题本来可以不这么复杂。对于确实有实质错误的生效判决可以提起再审，法律规定了对生效判决重新审判的条件，允许对"在认定事实和适用法律确有错误"的案件进行再审，我国法院对这类生效判决保持能动性，这些规定体现了"实事求是，有错必纠"的方针。那么，对于以"实事求是"为指导原则的审判机关，当有证据表明已作出的生效裁判存在错误，应当以法定审判监督程序改判。这个渠道应当始终畅通。

然而，这个渠道却被作出民事生效判决的法院堵塞了。

我们无从了解该法院对改判如此消极的原因——是与侦查机关的认识有分歧吗？然而法院明明表示"你审你的刑事案件，你作出80万'抹'账是刑事犯罪，我再改我的民事判决"，并没有对侦查机关的认定提出异议。是为了维护本院的权威或者本院法官的颜面吗？实际上，法院和法官的真正权威只能来自正确确认事实和适用法律，当已经发现误认事实或者错误适用法律的时候，有错必纠、积极改正才能最终维护法院和法官的权威；反之，有错不改、固执己见，只会进一步损害法院和法官的权威。那么，还有一种可能，就是自以为有权力、进行了错误判决也拒不改正甚至不允许人家怀疑和质疑，要是这样，这心态就有法医病理学价值了。

本杰明·狄斯雷利也有一句名言短句，足可与乌尔比安的媲美，云："正义乃行动中的真实（真理）。"违背真实，发现了又拒不纠正，可不一定符合正义的理想。人们期望于法律的，是它具有公正的品质；人们期望于法院的，是能够实现具有公正品质的法律。当法院应当依法律的规定纠正错误判决而消极怠惰不去纠正时，被蔑视的是法律的尊严。

如果法律尊严不能得到维护，人们听到的，将是法治理想崩溃的声音。

## 等不来的戈多

人民法院执行难的问题,可谓"九十岁奶奶的嘴——老掉牙"了。民事生效判决执行难,原因不外乎:一是阻力大,特别是来自足以扼住司法喉咙的某些权力机关和实权人物的干涉,这种干涉的动机大多是地方主义,在种种阻力面前,法院像白门楼上被捆成粽子状的吕布,无可奈何;二是法院的懈怠,执行环节相对于整个审判过程来说,最易激化矛盾,并且常常会碰到那些信奉着"要钱没有要命有一条"哲学的被执行人,法院宁愿多一事不如少一事,对执行消极、懈怠,或者与被执行方有私下交易,基于腐败原因不去积极执行。这些问题看起来并不难解决,但立法机关、司法机关和大大小小的法学家们就此嗡嗡议论多年,似乎也没有明显的实效。对于这类问题以及人们的高谈阔论,坦言之,我早已司空见惯,已经由感到疲惫、厌倦递进到今日的麻木。然而,一篇关于湖北省法院执行难的报道,还是让我大感讶异。

咸宁中级法院几位法官手执已经生效但被拒绝执行的判决书来到被执行单位——武汉汽配厂。该厂大门禁闭,门上悬挂标语"谁执行就砸烂谁的狗头""谁划走汽配土地砸烂谁的狗头"。法官见势不妙,商量了一下,三十六计走为上计。此事过后,该企业扬言:"如果法院强制执行,就全体上街,示威游行。"不久,法院接到省里某位领导的批示,云"当前应以稳定为主,防止矛盾激化"。又云"既要执法,又要维护社会稳定","把法律效果和政治效果统一起来"。法院立即陷入哈姆雷特式的困境:执行,还是不执行,这是一个问题。这就是这篇报道的主要内容。

武汉乃"九省通衢",并非荒蛮之地;鄂人得风气之先,并非化外之人。维护法制的重要性和执行判决的意义,此地人并非闭目塞听,当然不会不知道。然而,这种事竟出于武汉,实在是湖北人的耻辱。一桩法律关系如此简单、清楚的执行难,5年未果,已是一奇,发展到以"砸烂狗头"相威胁,执法处境如此不堪,真让人疑心法治是否会像贝克特荒诞剧《等待戈多》中那个左等也不来、右等也不来的戈多?

这个延宕数年也没有得到执行的案件,奇特之处在于,武汉汽配厂欲"砸烂狗头"以求"生存";湖北省某些政府要员欲牺牲法制以求"稳定"(只不过,口头说得冠冕,批示写得含蓄)。我们不妨就此费一番端详:

"砸烂狗头",这一标语用词自"文革"以后真是睽违已久了,一些人"文革"意识还很浓,让人们再次见识这一"文革"色彩的高端标语。那么,砸烂谁的"狗头"呢?标语上写得明白——"谁执行就砸烂谁的狗头""谁划走汽配土地砸烂谁的狗头"。那么,为什么不让执行?是法院的判决不公正吗?在1993年咸宁市中级人民法院作出一审判决的上诉期内,武汉汽配厂明明并未提出异议,而且1996年武汉汽配厂原法定代表人还提出以地抵偿。显然,人民法院执行生效判决,合法性、正当性是无可争议的。武汉汽配厂对人民法院的执行人员以"砸烂狗头"一类标语和游行示威相威胁,是对法官和法院的藐视,是对业已生效的判决的藐视;其一系列阻挠人民法院执行的行为,是破坏法制尊严的抗法行为。

武汉汽配厂的一些职工,在生存压力下,数次前往湖北省高级人民法院表达自己的意愿,无论这是自发行为还是被厂方鼓动的行为,都未免令人遗憾。良好的司法环境对于维护工人利益十分重要,人们可以借助它维护自己的权利,如果从眼前利益出发,破坏法制和法院判决的权威性,恶化司法环境,将会堵塞工人通过司法实现正义的途径,这对改善工人的处境、维护工人的权益,将有害无益。2001年6月23日,湖北省委书记就此案作出批示:"欠债还钱,天经地义"。这八个字,乃是妇孺皆知的道理。被马克思、恩格斯誉为最具有政治觉悟的工人,不是应当明辨是非,理性对待法院的执法行为吗?

武汉汽配厂抵制法院执行,使出了示威游行作杀手锏。这一奇招果然奏效。省政府领导作出批示:"当前应以稳定为主,防止矛盾激化"。这一批示给法院出了难题。正如执行法官指出的那样,此话"说起来容易做起来难"——不知作出如此批示的领导同志有何两全的高招,何不给人民法院透露一二、指点迷津?法院"既要执法,又要维护社会稳定","把法律效果和政治效果统一起来",也就是说,又要执法,又要维护稳定;既要取得法律效果,又要赢得政治效果(法律效果不是政治效果的有机组成部分乎?),法院不成了千手观音了?

实际上,司法环境的改善,行政机关责无旁贷。行政权具有积极性,其功能之一是维护治安,所以保持社会稳定主要是行政机关而不是司法机关的职责。人民法院执行生效判决,只要依法进行,行政机关应当予以配合。诸如此案,湖北省政府、武汉市政府应当行使维护稳定的积极权力,包括说服被执行方依法执行判决,对威胁法院的抗法行为进行追究,构成犯罪的,由公安机关立案查处,从而为法院创造执行条件。行政机关不积极作为,将自己应当承担的职责压在法院头上，这是法院终于陷入困境、动弹不得的重要原因。

执法与稳定本不应当存在矛盾，司法恰恰是以和平手段解决社会纷争的方法，如果公正执法会破坏稳定，那是社会不健全的表现，需要治理造成这种不稳定的因素。如果保持稳定必须牺牲法制，这样的代价将是败了官司输了理的一方都以稳定相要挟，法治还会有实现的一天吗？

英国人亨利·诺曼写过一本名为《近代中国社会》的书，其中写道："中国正在寻求在世界上获得它应有的地位。而这该是一种什么样的地位，则只能由那些了解中国到底是一个什么样的国度的人来回答。"这句话写于19世纪，却像是为当代的中国人说的。

当前，许多领导干部喜欢畅谈"依法治×"，对法治的重要性似乎个个颇有心得。但在实际对待不利于本地区的司法审判以及由此产生的裁决时，却又常常忘了法治为何物，甚至鄙夷不屑地认为"打官司能干什么"，于是行政权干预司法、人治压倒法治的现象屡见不鲜。湖北法院执行难，不能及时得到令人满意的解决，怎能不令人叹息！

不自愿也可得乎

　　有一幅外国漫画：某阔佬坐在桌前饕餮，脚下一条狗摇着尾巴取媚他，久之，阔佬注意到这只狗，放下啃嚼的食物，俯身抓住狗的尾巴，拿起餐刀把尾巴割下来，拿给那条狗叼着，继续自己的美餐……

　　这幅漫画把阔佬的悭吝刻画得富有喜剧性。那条狗讨好了半天，没有从阔佬那里分到半点残羹：嘴巴里衔着的，不是阔佬赏给的肉骨头，是自己的尾巴。这情景令人发噱。

　　在报上偶然读到一则新闻，忽然想起这幅漫画。

　　这则新闻说的是，广州的法院在解决判决"执行难"方面发明了一项破天荒的新举措，对进入执行程序的案件，申请执行人可以向法院提出其愿意出资奖励举报者的悬赏申请，官定的奖励数额为执得款的 0.5% 至 5%。为此，广州中级法院还颁布了《举报被执行人财产奖励办法》，据说此举旨在防止被执行人逃避债务，解决长期存在的"法院白条"问题。不仅广州如此，其他一些地方法院也纷纷推出悬赏执行方面的措施，看起来，法院为解决执行难找到了一条有效途径。

　　我们的司法机关和行政执法机关，时常有些破天荒的新举措，成为大众传播媒介竞相报道的热点新闻，惹得舆论浪花四溅，颇为热闹。随便用眼一扫，就能看到，诸如在刑警部门以投竞标方式破案和缉捕在逃人员、悬赏交通违章举报人等，真是想象丰富，花样百出。如今又是法院悬赏奖励举报赖账者财产实情者，新鲜，也不新鲜：新在这种办法还头一回郑重其事地用在民事执行中；不新在那思路还是一贯的——用赏金来摆脱某种困境，推动某些难题的解决。

只不过，这回不是从国库里往外掏银子来奖赏举报者，也不是让被执行人"买单"，而是申请执行人自己出资解决"法院白条"问题。

表面上，这跟那幅漫画似乎联系不上。我们的法院并不是案前饕餮的大佬，也绝不悭吝。事实上，法院有几分像西天路上的唐三藏，看起来很体面很风光，其实在赖账者面前，往往束手无策，窝囊得很。不过，仔细想一想，原来法院和申请执行人的关系，还是有点漫画里的意思——申请执行人眼巴巴等着法院借助国家强制力为自己讨回公道，法院果然要做点什么了，于是我们看到它弯下腰，从申请执行人的口袋里掏出钱——为解决申请执行人的眼饥肚馁而出资悬赏，正所谓"羊毛出在羊身上"。

法院在执行中的尴尬处境和执行申请人的无奈令我大为同情。多年来，法院并非不想一举解决执行难的问题，但是既然找不到败诉方可执行的财产，法院纵有强制执行的手段，又如何为这无米之炊？如今法院推出悬赏的举措，也有不得已而为之的意味，这是不难理解的。至于执行申请人，则令我觉得多少有点冤枉，早有人提出这样的疑问：案件应由法院负责执行，线索"赏金"由执行申请人买单是否妥当？

一个判决如果得不到落实，受到有形损害的，是诉讼中胜诉的一方；受到无形损害的，是法院的威信。判决的执行，不能说只与胜诉方的私人利益有关。法院落实自己判决，不但是保障胜诉方的权利，更为重要的，是使法院的判决得到尊重,使国家的法律得到尊重。使这些得到尊重,是法院的义务,最终要通过兑现判决加以实现。

法院要兑现自己的判决,当然希望败诉方自觉履行判决确定的义务,只有当败诉方拒不履行判决的时候,才动用国家强制力保障判决内容的落实。这两者存在一定的联系:正因为败诉方拒不履行判决,法院才会强制执行;法院能够通过强制执行,使判决件件落实,败诉方将会因拒不履行判决得不到任何好处,反而额外支付一笔执行费用,也会自动履行判决。

这个过程,胜诉方无须支付费用。

在民事诉讼中,诉讼费一般由败诉的一方承担;判决生效后要强制执行,执行的费用也由败诉的一方承担,是天底下再合理不过的制度。如果额外增加一些费用,并由胜诉一方承担,意味着胜诉方得不到自己应得的全部利益,权利的实现是打了折扣的,意味着他的损失是必然的,争的就是一个损失大小的问题,这显然与法律切实保护当事人合法利益的宗旨不一致。

法院也注意到,如果强制由执行申请人支付赏金,于情于理,都说不过去,于是将"申请执行人自愿奖励"作为首要原则,强调执行申请人"买单"出于自愿。

由此一来,这一制度看起来合情合理了,其实不然。

执行申请人的做法,是剜肉补疮,要说他自愿,是无视常理,问题的实质在于:他不自愿,岂可得乎?

在法院执行难的情况下,执行申请人面临的处境是:一桩案件,经过一番法庭内外的苦斗,延宕许久,总算分出个胜负,但败者无须忧,胜者不必喜,因为真正的胜利还在判决的内容是否落实。很多案件,法院找不到败诉者可供执行的财产,判决根本得不到落实。在这种情况下,赢得判决不过意味着赢得一张白纸,除了心理上得些安慰以外,胜诉人得不到多少实惠,最后还是败诉人笑到最后,笑得最好。面临这样的处境,执行申请人只好病笃乱投医。只要能要回大部分钱,有些损失也甘心了。这正如有些债权人,宁愿以低价将自己的债权卖给别人,允许别人去讨债和打官司,是因为受不了那个拖累和判决不能兑现的风险,这才两害相较取其轻,不得已出此下策。他的"自愿"只是困境下的无奈选择,哪里是真正的心甘情愿?!

由执行申请人出资悬赏解决法院执行难的问题,本是一种乖谬的现象。我并不反对执行申请人通过这种方法使自己遭受小一点损失而避免更大的损失,但法院把这当作一项值得夸耀的成功经验,并且宣称采取这一措施是出于执行申请人的自愿,就有点不近情理了。因为,问题的实质是,法院不能通过其他办法兑现判决,却要执行申请人为法律的落实付费。

如果一定要在羊身上拔毛,也要在听羊说"自愿"时,但不要真以为那是自愿。

## 尴尬的"福尔摩斯"

他是个"私人侦探"。被人发现时,已经死了。

他叫黄立荣。被害前受陕西一药厂委托,调查北京"美丽人生"保健品公司董事长赵君和他家人的工作生活情况。悲剧发生在 2003 年 12 月 13 日。赵君发现有人在拍照、窥视他们,让手下员工把监视他们的黄立荣抓了起来。黄立荣被带到公司院里之后,他们在黄立荣身上发现了自己公司的一些资料。几名员工对黄立荣拳打脚踢,有人还捡了根铁管进行殴打。黄立荣趴在地上不动时,他们赶紧将黄立荣拉至北京医院。到了医院,因害怕被别人发现报警,他们将黄丢弃。黄立荣因肝脏破裂致失血性休克死亡。

此事经媒体报道,人们才注意到,我们的社会出现了一种新职业:私人侦探。

"侦探"一词本是军事术语,英文为 spy,进入敌人的作战地带探知敌情者,即为"侦探",又名间谍。我们常说的"私人侦探"或者"私家侦探"中的"侦探",相对应的英文词是 detective,意思是调查者。私人侦探或者私家侦探就是受私人雇用而进行调查的专业人士。

提到私人侦探,我们都会立即想到柯南·道尔笔下那个高高瘦瘦有惊人洞察力的英国侦探夏洛克·福尔摩斯。

在英国文学中,私人侦探题材的小说很多,也很有名,这一点无足为怪,据说私人侦探就是在英国起源的。在英美国家,这个行业至今仍很发达。有这样一种说法:"随着时代的发展这类机构已经旧貌换新颜了,已经从过去的手工作坊变成了纯职业化(配备有高度专业化的工程师和技术员)。"据统计,美国私家侦探从业人员已达160多万,是美国正规警察人数的3倍,这个行业的年营业额超过1000亿美元,名列世界首位。私家侦探的主要业务包括保险业调查、商业调查、民事调查,甚至为国家获取情报,有时还调查

私人侦探在西方通俗文学中
占有重要地位

跨国政府丑闻与官员腐败。最著名的事件是2001年年底美国私人侦探所参与缉拿涉嫌贩毒的墨西哥金塔纳罗奥州前州长马里奥·威兰纽瓦。

私人调查某些事实,并不是新鲜事。探知真相,不仅仅是好奇心驱动的行为,有时也出于其他目的。私人侦探与一般私人调查不同的,是他具有职业性、专业化和盈利性。

私人侦探进行调查活动的范围,分为民事调查领域(包括商业领域)和刑事调查领域。人们议论私人侦探业,话题往往集中于民事调查和刑事调查共同存在的问题,一是公民(这里指被调查者)隐私权等权利的保障,探知真相往往涉及当事人权利的维护或者侵犯,当调查含有某些不可告人的卑下目的之时,这一问题更加突出;二是厘清与国家专门机关侦查权的关

系,也就是私人侦探的活动可能会侵越侦查权,亦即私人侦探可能会行使应由国家专门机关垄断的侦查权。这两点是人们讨论私人侦探时主要担心的问题。私人侦探自己谈这个话题,他们愿意再加上一条:私人侦探本身的人身安全问题。

在我国,目前存在许多家"侦探所",一些职业调查员为找上门来的顾客提供专业服务。报刊杂志的角落,有时可以看到这些"侦探所"的广告。

侦探所里供职的私家侦探都有一定的相关业务经验和较强的业务能力。他们大多来自公安、检察机关,有的还是部队退伍的侦察兵、律师或者社会经验极丰富的其他领域之人。对这些人来说,做私家侦探驾轻就熟,小菜一碟。有一些刚踏上社会的大学生也跃跃欲试,乃至干起私人侦探的行当,但人数很少——干这行光靠脑子还不够,人生阅历和社会经验会帮上大忙。

私人侦探有几种,一种是智力型侦探,一种是体力型或者说是臂力型

在两点时动的是那死的默的进行。
BY J.CHANG

比利时侦探赫克尔·波洛

侦探,人们称之为"硬汉"。在实际生活中,表面上看侦探应该尽量平民化,但必须有超常的智慧、耐心、毅力和体能。因为他们的工作危险系数大,一旦遇到麻烦,并无特权,能够得到的保护与一般老百姓没有多大差别。还有一种关系型侦探,依靠与相关机构、特定人员的关系来获得情报、牟取利益,就像关系型律师一样。

不过,我国私人侦探可不像其他国

家那样风光,他们不能亮出"私人侦探"的旗号;所属的"侦探所"也不能堂皇地称为"侦探事务所",只能挂出"调查所"的招牌,以私人调查机构的名目存在。

我国民国时期有私人侦探行业,上海私人侦探业十分红火,那里的私人侦探称为"包打听",颇为形象。1949年以后,私人侦探业已无立足之地,终于消失,我国大陆重新出现"私人侦探"是在1992年,上海出现第一家"私人侦探所"。但好景不长,1993年公安部发布《关于禁止开设"私人侦探所"性质的民间机构的通知》(公通字〔1993〕91号),通知规定:严禁任何单位和个人开办各种形式的民事事务调查所、安全事务调查所等私人侦探所性质的民间机构。被明令禁止的"业务范围"包括:受理民间民事、经济纠纷,追讨债务,查找亲友,安全防范技术咨询及涉及个人隐私方面的调查等。沉寂几年之后,私人侦探业又以"民事调查""商务调查""信息咨询"名目在工商局注册经营。2002年年底,国家工商总局商标局调整商标分类注册范围,将原来42类商品和服务商标注册扩大为45类,其中新增或在原来基础上细化的允许注册类别赫然包括提供私人保镖、侦探公司、寻人调查等"安全服务"。一时间,私人侦探从中看到了希望。不过,这种希望很快转为凉薄。国家工商局商标局表明,商标注册成功并不等于可以从事商标涵盖的经营活动,注册商标只能代表商标的持有者可以独享对该商标的使用,企业的经营活动必须严格限制在工商营业执照核准的范围之内,企业登记没有涉及侦探类的范围,就是注册了侦探公司的商标还是不能以私人侦探的名义进行活动。

即使有禁令在先,对是否应允许私人侦探业存在,人们仍时有议论。

私人侦探业有无存在的必要?

要回答这个问题,要看社会对于此种职业是否有需求,还要看这种需求是否正当以及有无其他合理渠道提供满足的可能。

事实上,社会对私人侦探行业确有需求。浙江万马律师事务所主任徐敏曾对记者说:"社会上对这个行业的需求非常大,我们的业务现在已经多得接不过来了,其中个人民事调查占业务的主要部分。"他认为:"我国《民事诉讼法》规定'谁主张谁举证',但是当一般的公民的合法权益受到侵害时,当事人却不具备法律所规定的相应调查权,也没有技术和能力开展调查,往往处于孤立无援的状态,这就需要第三方力量提供帮助。"此前,万马律师事务所成立了杭州第一家私人侦探机构。

私人侦探业存在的原因之一,在于公权力覆盖的范围毕竟有限。国家权力是为公众服务的,很难保证一切个人的所有权利都通过国家权力的运作加以实现。那么,国家权力运作的结果未能保障当事人的合法权利,是否允许当事人寻求合理的、正当的自力救济渠道呢?换句话说,当事人自己是否可以进行调查?如果可以,那么当事人延请第三者进行调查,是这种权利的延伸,应当也是允许的。例如,在发生司法错误的情况下,如果不允许私人展开调查,正义就不能得到实现。要实现社会正义,司法正义,此类调查是不可避免的。

实现社会正义、司法正义需要以私人侦探作为当事人进行公力救济的补充。有一些调查,公权力介入不足或者根本不会介入,前者如失踪人调查,后者如忠诚调查,都是如此。在知识产权保护方面,私家侦探日渐显示出其独特作用。有的企业的商业秘密被人窃取,企业请私家侦探了解企业所属产品被侵权假冒的情况和找到制假窝点,要是寻求政府部门做这些事情,确乎难以遂愿。

　　另外,要落实某些法律规定,需要私人调查机构进行参与。我国婚姻法规定,如果夫妻一方有重婚或其他违反一夫一妻制的行为,无过错一方可以请求损害赔偿,那么谁去调查呢? 如果自己无力明里查来暗里访,只好找人帮忙,破费些钱财找专业人士更容易达到目的。

　　庭审方式改革后,法官变得消极、中立,增强了诉讼对抗性,一般性的调查不能取得相应证据、了解事实真相,需要进行专业调查,私人侦探就有了用武之地。法院作出判决,要落实判决结果,有时需要调查可执行财产的情况。有人明明有钱,却故意欠债不还,委托人就可请私家侦探帮助摸清对方财产状况和下落。当前私人调查业务量最大的就是执行案件、债务纠纷案件相关调查以及商业秘密调查。

　　对于某些诉讼或者非诉讼案件涉及的事实,律师也需要借助私人侦探进行调查,私人侦探成为律师开展业务活动的重要帮手。

　　不过,真要允许私人侦探业存在,却也使人担心。这是因为私人调查机构容易成为心怀不轨者侵犯他人合法权益的工具。媒体曾报道云:在成都、武汉、南京等地,已发生一些由民间调查机构引起的诈骗闹事、暗中拍卖被调查人家庭隐私情报资料甚至敲诈勒索等事件,情形颇为不堪。

　　私人侦探容易"私和公事"。在我国古代,除告诉乃论(告诉才处理)之外的刑事案件,寻求私下了结称为"私和公事",绝大多数案件依法应受国家诉追,被害人或其亲属私自收受加害人之财物或者其他利益作为损害之赔偿而私行和解,使国家刑罚权不能落实。私人侦探的调查使事实得到凸显,却不向国家专门机关报案,迫使加害人向被害人提供金钱财物,使案件私了。

　　因此,要允许私人侦探业存在,对于可能出现的种种乱象,不能不预加防范。

私人侦探要行端履正，其自身素
质应有一定水准，这里所说的素质主
要是指法律素养和专业技能以及职
业操守。中国人民大学法学院何家
弘教授曾言，"私人侦探"行业内部应
定期互相联系和沟通，制定出一个自
律机制，形成统一的规章制度，对整
个行业进行规范；一旦这一规范得到

有效实施，对整个社会治安、经济发展都能够起到良好的促进作用。

当前从事调查工作的"私人侦探"的尴尬不仅来自官方禁令，还来自自

塑造了著名侦探"福尔摩斯"
的柯南·道尔

身素质及业务水平的局限。国际调查员
协会总裁保诺·卡勒士迪先生在接受《望
东方》杂志采访时表示，"中国的调查行业
目前状况很差很混乱，调查员水平普遍很
低。参加过国际性调查活动的私人调查
员目前为止只有一个人。而国际调查员
协会中的中国公司数目几乎为零。所以
根本无法参与到跨国的调查活动中
来……对此我感到非常遗憾"。

中国的"福尔摩斯"，该如何面对这样
的叹息？

BY J. CHANG

第
五
辑

## 活 人 的 司 法

　　要让几乎所有的司法官都有良心,必须提供使他们具有和保持良心的外部环境。这就要求,选任司法官必须注重其个人品格,社会和政治法律制度要有助于司法官保持良心——当秉着良心司法之时,他应当拥有免于恐惧的自由。

『敢問何謂浩然之氣？』曰『難言也。其為氣也，至大至剛，以直養而無害，則塞于天地之間。其為氣也，配義與道，無是餒也。』

## 司法四病

扁鹊见蔡桓公是我少年时期熟悉的故事,那时法家正被热捧,韩非子是法家代表人物,他讲的扁鹊故事自然容易传播开来。这个故事里有个名字古怪的医生叫扁鹊(后来才知道那是个绰号,真名叫秦越人),顺便产生两个成语:讳疾忌医和病入膏肓。那时蔡桓公病重,扁鹊见该病为其医术之所不及,一溜烟跑到秦国去,避免"医死了人",闹出"医患纠纷"。此前扁鹊多次苦劝其"早发现,早治疗",蔡桓公不但不听,还对扁鹊鄙夷兼嘲笑,终于病情危殆,一命呜呼。年纪稍长,又知道三国时期有个名医华佗,要给曹操开颅治疗风疾,反被阿瞒疑心,不小心丢了性命。这算是另一个讳疾忌医的故事,让我知道做医生有时凶险万状。

不过,人之患在好为人"医",有时闲极无聊,谁不想过把医生瘾? 不敢为人诊病,就拿司法练手。

我观近年来司法领域,真感觉目迷五色兼热闹非凡——不但一系列指标性案件吸引万众围观热议,有的案件还激起对立两派口诛笔伐,骂战不绝。舆论的狂欢一波又一波,正面的也有,负面的也有,曾经的"三盲院长""舞女法官",当下的法官组团嫖娼、开房偷欢,不免使波澜起伏的舆论带有一抹桃红。

这实在让人不安，司法乃解决各种纠纷的国家机制，人们期望它保障正义不遭灭顶，在惊涛骇浪中，司法是让希望不致沉沦的诺亚方舟。许多人把司法抬得很高，誉之为"正义的最后一道防线"，但又常常发现，这防线不过是"马奇诺防线"，经不起一场闪电战的摧折。

司法是不是染了点小疾才会如此？

我穿上白大褂（现在好像穿绿色的才正宗，且不去管它），对司法望闻问切一番。这一看不打紧，一看就看出毛病，让自己不太开心。以拙眼观察，司法的毛病有四。拿纸笔来，让我分述如下：

一曰司法腐败。司法腐败乃陈年旧疾，《窦娥冤》中知县桃杌和《杨三姐告状》中县长牛成，都是这方面的代表。他们把前来打官司的都看作衣食父母，银子决定了司法的走向。这种风气古已有之，便是到了当代，也还不免，真令人浩叹。司法腐败乃公权力腐败之一种，通常与金钱利益有关，"有钱能使法官推磨"，是不易的规律。对于司法腐败，人们怨愤已久（连腐败者在台上谈起腐败来也是义愤填膺呢）。此病乃深藏不露之病，好治也不好治，好治在见光便死，把罪恶揭露出来，病就去了一半；不好治在病发在暗箱之中，通常不为外界所知。司法带病运行，一时奈何它不得。

二曰司法专横。司法专横的一般含义是法官个人专横，表现为在行使司法权力时任意妄为、专断强横。司法以法律为准绳，岂能为法官玩于股掌之上耶?！然则司法人员"飘飘然，'乾纲独断'，不是以法律为准绳而是'以法官为准绳'。先入为主，不能兼听，不能居中裁判，不能自持，言行出格。傲傲然，如黄蜂，如公鸡，有损形象，有辱使命。"（黄永维：《法官职业素质随想》）古时《十五贯》中知县过于执就属于专横司法之官。法官的专横与腐败常常结合在一起，司法之所以腐败往往因为腐败者掌握着专横的权力,但司法专横本不以腐败为条件,不受贿赂的法官也可能会在缺乏有效制约的前提下行使专横的权力。清代小说家刘鹗在《老残游记》一书中痛诋清官的司法专横:"赃官可恨,人人知之;清官尤可恨,人多不知。盖赃官自知有病,不敢公然为非;清官自以为我不要钱,何所不可,刚愎自用,小则杀人,大则误国。吾人亲目所睹,不知凡几矣……作者苦心愿天下清官勿以不要钱便可任性妄为也。"这里痛诋的清官,并非所有的清官,只是清官中滥施司法权的酷吏。论对司法公正的戕害,司法专横并不亚于司法腐败。

三日司法伪善。古时衙门审案,公堂之上常悬挂一匾,上书"明镜高悬"四个大字,不知是裁判者自我提醒还是自我标榜,抑或是做给一般民众看看,大概是一种政治或者司法装潢。如今司法机关也常有口号,十足打动人心,却往往经不起严格检视。在

何以黑脸包公如此深入人心?
黑,有股慑服人之天然力量也!

司法为民的口号喊得震天响的同时,司法人员与民众越加疏离——过去法衙寒酸,百姓入门不难;现在高楼矗立,民众却常阻于门外,被门前两只石狮漠视。司法左一个透明右一个公开,社会广泛关注的热点案件却盛行伪公开主义——名义上公开审判,旁听席位早事先安排法官家属或者脱了制服的法官、法警将其填满,外面一早奔过来旁听的一般民众,大宅——门儿都没有;媒体采访,也精心安排央级媒体昂然进入,其他记者朋友只能大眼瞪小眼,在门外等着吃点庭审讯息的残羹冷炙。有的案件在开庭,不过是

表演式审判(Show Trial),居然庭前进行排练,一次不满意还要再来一次,甚至拉上律师一起陪练,把庭审当作"春晚"来彩排,真是滑天下之大稽。

四曰司法庸懦。庸者,平庸、庸碌也;懦者,懦弱、卑屈也。或问:既然司法专横又何来司法庸懦?说怪也不怪,司法专横乃对于无权无势无钱的小民草民P民而言。对下骄者对上必谄,对民众专横者对于长官必庸懦。试看司法机关对于来自上位权力的干预,怎敢说个不字?司法机关若遇上刁民,亦常见司法庸懦,有某上访者前来法院缠闹,要求法院赔钱,理由是法官用法槌敲击法台令其受惊,精神衰弱寝食难安,法院被他缠闹,赔五万元了事,腾笑四方。司法机关乃强势机关,有国家司法权在握,居然面对一刁民束手无策,乖乖就范,成何体统?此五万元乃纳税人的钱,怎能随意支取,供难缠小鬼索去?

上述四项乃病症,若不细加分析病因,便不配做个合格郎中。这些病症,病因不外乎以下几点:

司法腐败、司法专横、司法伪善和司法庸懦的根本原因在于民众无法通过民主机制对司法权进行掌握。实际上,人民不可能共同行使司法权,只能将其"委托"给遴选出来的一小部分人行使,司法的良莠取决于这些人员的素质,也取决于民众能否通过民主途径制约这些司法官员,做不到,司法就容易颓坏。

其中司法腐败的原因在于利益追逐的官僚特征未能遭遇制度的横阻,于是腐败动机与腐败机会相遇媾和,金钱或者其他利益就左右了司法。

就司法专横的病因来说,国家是在特定区域内使用强制性手段并具有合法垄断权的制度安排,在权力高度集中、政府对社会严密控制的国家,使司法者承旨司法,这种司法不向人民负责,而是充当统治人民的工具。在这种体制下,司法机关对任何来源的监督和制约都表现出强烈的敌意,滥用司法权,牺牲当事人利益,明知司法不公正而迳行判决或者拒不纠正,司法专横就展现出来。

现代社会民众对司法期待很高,不良的司法会激起社会的不满,为了平息社会的不满情绪,挽救司法公信力,就需要对司法加以改良。当无法治愈司法恶疾的时候,不妨贴点膏药,做点保守治疗的外科功夫,让街市呈现表面的太平,上司满意,本官就有了升迁的机会,其乐融融,于是司法伪善便搬演出台。

司法庸懦主要来自司法官僚体制,官僚主义的本质特征是不对人民负责,只对给他官做的人负责,于是对于权力上位者只有百般逢迎,呈现懦弱、卑屈的姿态。人民决定不了本官的仕途前程,当然就"门难进,脸难看,话难听,事难办";刁民一出,可能会影响本官的前程,上司会怪罪不会办事,于是用钱摆平,求得一时的平安。

病因如此,如何医治?我非悬壶济世的良医,也无起死回生的良方,不过,既然要非法行医一回,不妨把冒充医生做到底,提出几条治病之术,或可误打误撞,讨个利市。

司法人员滥用权力,是在缺乏正当程序约束的条件下或者冲破程序约束而形成的,可能得到最高权力者的鼓励或者默许(如称帝后的武则天对酷吏的任用)。要遏止司法专横,必须建立起合乎人权保障、设计合理、周密科学的程序,特别是程序本身要具有"实质上的正当性";同时,必须有效制约司法官,使之正当行使权力,即司法活动要符合"程序的正当性",只有这样,才能既剪除赃官,也剪除自命清廉、恣行暴虐的酷吏。

官民疏离的原因之一,是对于接受"委托"的司法人员如何行使权力,

"委托人"（人民）未能实现知情权。在民主机制健全的社会，人民的知情权通过大众传播媒介来保障，就是说，人民通过新闻媒体来获知事实真相。对于不良的司法活动，人民加以批评，促其改进，舆论压力可以促成司法制度发生重大变革，所以在人民有充分知情权和表达自由的社会，司法腐败、司法专横、司法伪善和司法庸懦会受到极大的遏制。反之，不良司法就难以得到改善。

近年来，新闻媒体在揭露司法腐败和专横、发挥对司法活动监督作用方面同样取得了相当成效。一些司法腐败、司法专横和司法人员违法犯罪的案例和事实被披露，促使这些案件和事实得到及时、公正处理。不过，新闻舆论具有的强大力量还没有得到充分释放，它在监督和促进司法公正方面的潜力还有待挖掘。

这些药方虽然有效，但不是什么了不起的秘方，有识者谁不知之？只不过，病是病，药是药，常不发生交集这才令人焦急。好在本人只是冒充大夫胡言乱语一番，各位看官姑妄听之，千万不要当真。

BY J. CHANG

## 谋杀好法官的六大方法

　　眼巴巴期望司法公正,司法公正离得开好法官乎?不能。于是眼巴巴期望有好法官。守株待兔了好久,发现法官产生极难,想想这么等也不是办法,于是到处寻找产生好法官的良方。一日,遇一江湖郎中,自称专治司法疑难杂症,急忙上前拉住衣襟,求其指出一条产生好法官的明路。郎中捻须沉吟片刻,捉笔写了许多字给我。我戴上破眼镜一读,发现那药方竟是"谋杀好法官的六大方法",当即恼曰:"老头,我要的是产生好法官的药方,你却给我谋杀好法官的方法,这不是哄人吗?"正要不依不饶,郎中笑曰:"反其道而行之,可也。"说罢向我头上一拍,当即把我从黑甜乡中拍醒。醒来一想,居然还记得那郎中写的许多文字,大喜,立即恭录如下:

### 一曰根除法

　　此种方法,乃鲁智深倒拔垂杨柳之法。鲁智深与众泼皮饮酒(此公饮酒,最听不得杂音),闻杨柳树上乌昼啼,有人捉梯要轰走乌鸦,鲁智深乃连根拔之——你说这杨柳树倒不倒霉?

　　根除法乃笨办法,对付个把不听话的法官尚可(要谋杀好法官,可以将根除法作为威胁,不给予职务保障,专断性的开除和调任始终威胁着法官,使之履行职务如履薄冰）。对付整个法院系统,动静就太大了——现代的制度与古代的专制制度不同,有着所有民主外衣,取消法院,现代独裁者不为也。

此种方法,当年袁世凯为报复上海地方检察厅曾经用之(参见本书中《老袁都惧它三分》)。

鲁智深、李逵、张飞皆一时之快人也

## 二曰洗脑法

法国大革命中有一个恰当实例。那时的法国,大革命的领导者极力主张非常手段,不顾有人提出的这一警告:不能随意杀人,因为杀下去会杀滑了手的。在国会讨论审判君主时,一位年轻律师为路易十六辩护,为防止这一辩护获得同情,罗伯斯庇尔向议员们紧急洗脑,大声疾呼:"你们不是审判官,你们是政治家,你们只是政治家,不能变作别的。"当时的"法官"——革命国会的议员们放弃裁判官的角色,去充当政治家,将路易十六送上不归路。

## 三曰利诱法

怎样将一位法官纳入麾下,诱使之言听计从?方法多种多样,最巧妙的方法是将法官纳入司法官僚体系中。官僚体系存在一个层级结构(hierarchy,也称等级制、科层制、分层负责制),这是一种金字塔型组织结构,即按照一定标准将人员分为等级的严格统属结构,在这种等级基础上分发报酬、配置特权和确立权威,按照等级设置进行晋升。在层级结构内,众官僚进行公务活动的动力来自对利益的追逐,就单个官僚来说,国家的目的变成了他的个人目的,变成了他升官发财、飞黄腾达的手段。"每个官僚制度必须同必要的物质利益结合起来;它不仅必须唤起每个官吏对严格遵守和执行各种规定的物质利益,而且也必须唤起保持对上司彻底服从的物质利益。因此,官吏的工作总是由上级官僚进行估价,上级官僚也决定是否对各该官吏加封晋级。因此,每个官吏都努力完成自己的工作,做到在形式上符合顶头上司的要求;这个上司也同样只注意履行自己所受托的较大范围的公事,努力博得自己上司的赞扬等。"(奥塔·锡克语)由于官僚们的利益来自能够对他进行提拔的上级官僚或者掌握终极权力的君主,所以官僚政治下的各级官僚"只对君主负责或下级只层层对上级负责,而不对人民负责;所以,官僚政治基本上没有多少法制可言,主要依靠人治和形形色色的宗法和思想统治来维持。"一旦把法官分成若干等级,使他们构成层级体系,其中的所有成员或者绝大多数成员皆由底部进入,再渐次向上攀升。这是上对下进行控制的有效方法。分级制将惩罚和奖励一个下属的权力交给上级的某一个人或者由少数人组成的一个小小的团体。后者掌握的是使下属畏惧受惩罚和期望得到提升的权力,这种权力即使暂时储存起来不予使用,也会因其潜在的力量而迫使或者诱使下属遵照上级期望的行为模式进行活动。

此种方法可使一个法官维护司法公正,也可使他颠覆司法公正,何去何从,全看在木偶上牵线的人意图如何。

### 四曰埋没法（劣币驱逐良币法）

好法官应当"精通事理、法理及文理"（廖与人语）。英国大法官爱德华·柯克曾经说过："法律是一门艺术，它需经长期的学习和实践才能掌握，在未达到这一水平前，任何人都不能从事案件的审判工作。"法官的法律素养、审判业务熟练程度和一般生活经验越高，以粗率态度和非辩证态度对待案件证据和事实造成误判的危险就越小，因此法官就任前经过专业训练颇为重要。一个人有无专业训练，可以根据他获得的文凭加以判定。但无文凭未必无水平，只看重文凭容易埋没人才。反过来，有文凭不一定有水平，如今文凭泛滥，大家都有了文凭，真正的人才反而湮没不显。此种重文凭不重水平，大家为了做官纷纷去花钱补一个饱含水分的文凭，贬低了有真才的人——好的法官还能脱颖而出乎？

### 五曰架空法

使一名法官对案件没有实际裁决权，此为架空法。架空法的妙处在于，即使是一个好法官，也出不了彩，憋也要把他憋死。人问：没有实际裁决权，叫啥法官呀？英文"法官"一词"judge"的本意是"精于判断的人"。也就是说，不精于判断者不可被授予法官之职。法官既为精于判断之人，当然就应自己判断，自己作出裁决——每个人的脑袋长在自己的脖子上，哪有让别人代为判断之理?! 这个问题实在不好回答，大千世界，无奇不有，你以为我瞎编啊？不信一眼望去，没有实际裁决权的法官，多如过江之鲫，有啥奇怪。别看法官正襟危坐，神气活现坐上上首，晓得底细的人都知道：他不过是小姑娘拿钥匙——当家做不了主。此为架空法之妙用。

## 六曰低薪法

权力能够换取金钱和其他利益,更高的职位意味着更多的金钱或者其他利益,正当的途径走不通,旁门左道就会有人行。换句话说,执掌权力的人不能通过自己的正当收入得到满足,腐败的动机就产生了。法国十六世纪时,"官职所应得的报酬是很微薄的,拥有职位的人都向人民勒索,法官从原告人得到一种强迫缴纳的礼物,这种礼物虽仍称为'香料',但事实上已经是金钱。"(瑟诺博斯:《法国史》)中国古代官场腐败现象严重的一个重要原因,也是官俸极薄。唐才常称这种"国家不能丰养廉银两"为特别"纰缪无理"的现象。郑观应在《盛世危言》中曾言:"支用不给,极其弊遂至流毒无穷。"晚清小说家李伯元先生也说,官俸过低、不敷使用,"到了这个份儿上,要想他们毁家纾难,枵腹从工,恐怕走遍天涯,如此好人,也找不出一个。"吾国当下若不仿效"泰西厚给官俸,廓清政本之法"(唐才常:《砭旧危言》),期望一身褴褛的朋友中产生好法官,岂非缘木求鱼?

## 黑色的法袍，缄默的法官

有一本名为《淡泊从容莅海牙》的书，作者是曾任国际法院法官的倪征
燠先生。书中附有国际法官进行审判活动的照片，书的封面是倪先生身穿
国际法院法官袍服的照片。倪先生虽年事已高，但气度娴雅，神采不凡，他
身上的黑色袍服益增其庄严、沉静，这使我注意到国际法院和许多国家的
法官的袍服原来都是黑色的。我对服装服饰素乏研究，但黑色给人的印象
是沉静的，却无须苦费心思就能够直观感受到。

黑色作为服装的国际流行色与 19 世纪 30 年代以后英国的海外影响
相关。当时英国盛极一时，英国人黑色的穿着使欧洲大陆人们衣服的流行
颜色随之一变。法国学者路易吉·巴尔齐尼在《难以对付的欧洲人》一书
中提道："最初只是大陆的贵族和名流放弃了历经数代的光滑绸衣或颜色
明快的精纺织物，换上通常从英吉利海峡对岸舶来的暗黑色毛料服装。这
种象征着高贵的暗色，慢慢地不可避免地一直渗透到中产阶级和中下层
阶级。"

这种暗黑色是沉静的颜色，与英国人内敛、克制的性格十分协调。路
易吉·巴尔齐尼曾经对英国人、德国人、法国人、意大利人、荷兰人以及美
国人的民族性进行了描述。对于英国人，巴尔齐尼用"沉着"一词加以概

括。人们可以从一个著名的形象——夏洛克·福尔摩斯的身上领略到英国人沉着的形象。福尔摩斯身着暗色衣服,不苟言笑,彬彬有礼,无论是行动还是安坐,都给人冷峻、不张扬的感觉。这种形象内敛又克制。

英国暗黑服色的流行是否是今天法官袍服颜色之所由来,不得而知;英国人沉着的性格在多大程度上对司法产生影响,也难以给出一个确定的说法。不过,在英国对抗制诉讼中,法官给人的自我克制的印象十分深刻,英国法官的形象完全是内敛的,并且带有浓厚的绅士气象,从这一形象联想到英国人沉着的群体性格,不会有突兀、牵强之感。

在英国,自我克制(self-control)素为美德。F.J.古尔德曾说:"什么更为完美,是控制一条船还是控制自我? 当然是控制自我更完美。"在印度,"亚历山大大帝一次拜访一个被人尊为佛的僧侣,这个僧侣告诫他的弟子们:'如果一个人在战争中一千次地征服一万人,而另一个人征服了他自己,征服自己的是更伟大的征服者。'"还有一位教师对他的学生说:"那些渺小的和脆弱的人们是喧闹的;他们叫嚷着,喋喋不休,但他们所成之事很少。强壮的人是安静的。"这里所尊崇的都是自我克制的观念,这一观念在英国有着沦肌浃髓的影响。

法官自我克制的明显的表现是缄默。在对抗制诉讼中,法官以耐心听讼的长者形象出现在法庭,他的话越少越好。培根称哓哓多言的法官是不和谐的乐器。他在《论司法》一文中指出:"为法官者应当学问多于机智,尊严多于一般的欢心,谨慎超于自信。"

人们在谈到缄默的时候,可能会想起,在许多国家或者地区的人们的观念中,缄默是一项美德。戏剧家M.梅特林克的一篇题为《缄默》的散文中说:"言谈也是伟大的,但不是最伟大的。正如瑞士人所说的那样:'言谈是银,沉默是金';或者,如我所认为的那样,言谈是有时间性的,沉默却是永恒的。"但对于法官缄默的这种要求,不仅仅是因为缄默本身体现了良好的习惯和气质,而且也是与法官的司法角色有关,法官的权力的基本内容是判断。对于判断者来说,耐心听讼而不是参加争辩,是作出正确判断的前提之一。

大陆法系的国家和地区也在一定层面上认同法官自我克制的观念。我们可以从台湾学者蔡墩铭《审判心理学》一书窥其堂奥:他指出,法官是经过国家任命而从事审判工作的人员,其审判职业的特殊性使其产生特定的心理倾向,并形成一种特殊的司法气质,包括仁爱、自制、谦虚、精细、勤勉、忠诚、勇气、牺牲、缄默、反省十项。就"自制"而言,"审判官既负有平亭人民曲直,维护社会伦理规范之任务,自应本乎理智,依客观慎重将事,不能任凭感情因素出入其间,以致其判断之公平与正确,遭受不当之影响。要之,诉讼案件审理之是否顺利,恒依审判官在审理时有无耐心及是否控制其情绪而定。"在谈到"缄默"时,蔡先生说:"审判官判断案情,需要思考,而对事理之深入思考,其心境必须宁静,无法保持心境宁静者,不必要之举动多,则易于失去理智,于是难以辨别是非善恶,在此情况之下,何能期待审判官为适当正确之裁判。"

法官的黑色袍服与这种自我克制的司法气质浑然一体。

显而易见,法官的服装服饰是法官内在精神的表现,每当看到法官身穿黑色的袍服坐在审判席上耐心听讼的形象,我都会想起梅特林克说过的一句话:"蜜蜂只在黑暗中工作;思想只在缄默里孕育;美德也只在幽居中产生。"

# 活到这年纪没有一个污点

赫尔岑《往事与随想》一书中记述了这样一件事:

1834年,沙皇的警察逮捕了正打算广泛从事进步活动的赫尔岑和其他一些进步青年,还从五六个人的案子株连了20个无辜的人。由于操之过急,警察并没有掌握确凿的证据,只得捕风捉影,捏造证据。一个委员会进行了初审,但毫无结果。在这种情况下,沙皇又组成了第二个委员会。他从彼得堡派出了得力干将之一亚·费·戈利岑来充任法官,但"不幸"的是,他还派了莫斯科城防司令斯塔阿尔做首席法官。斯塔阿尔是个正直的军人、勇敢的将军、功绩累累的老臣,他分析了案情,发现一部分人是因在庆祝一个学生大学毕业的宴会上合唱了讽刺沙皇的歌曲而被捕的,还有一部分人,他们的全部罪证不过是一些尚未明确表示过的意见,根据这些进行定罪不但困难而且可笑。斯塔阿尔与戈利岑产生了严重的意见分歧,他们针锋相对,争得面红耳赤。老将军一怒之下,用军刀捶着地板,说道:"我看您与其荼毒生灵,不如奏请皇上封闭所有的中学和大学,免得其他人继续受害。您可以随心所欲乱干,但我不能跟着你造孽,我的脚绝不再踏进委员会。"说罢,老头就拂袖而去。

　　有人当天就将这件事报告给皇上。皇上责问斯塔阿尔为什么不愿再涉足委员会，斯塔阿尔讲了理由。"真是废话，"皇帝反驳道，"跟戈利岑吵嘴，不害羞吗？我希望你照旧到委员会去。"斯塔阿尔回答说：

　　"请怜悯我的白发吧，我活到这年纪没有一个污点。我的忠心，陛下是知道的，我的血、我的余年都属于陛下。但这件事关系到我的荣誉——我的良心反对委员会中所干的事。"

　　斯塔阿尔这段掷地有声的话，谈到荣誉、污点和良心，展现了正直人的品格。

　　也许，斯塔阿尔提到"良心"一词，最具有振聋发聩的力量——服从良心的驱使，不是一名司法官应有的品格吗？

　　根据自己作为人所具有的愿望和体验而形成的对于何者应该做、何者不应该做的意识，就是良心。良心表现为一种内心深信，深信自己的言行怎样才正确，只有按照自己深信为正确的去说去做，才能心安理得，所以良心具有辨别是非得失、取舍善恶的意识作用，对人们的言行能够发挥决定和约束的功能，当一个人的言行违背了良心，便常常会感受良心的折磨。法国散文家蒙田以诗情饱满的笔触描摹了良心的力量："良心的力量竟是那么奇妙！良心使我们背叛，使我们控诉，使我们战斗；在没有外界证人的情况下，良心会追逐我们，反对我们"。"良心可使我们恐惧，也可使我们决定和自信"。他还引用朱维纳尔、伊壁鸠鲁的话称良心"用一根无形的鞭子抽打我们，充当我们的刽子手"，"坏人无处藏身，因为他们躲在哪儿都不安宁，良心会暴露他们"。

　　不过,这种乐观说法对于戈利岑之类良心泯灭的人并不适用。并非所有的良心都来自纯个体性的愿望和体验,社会因素对个人内心意识的影响也是十分巨大的,人的良心有时表现为对社会通行的准则和信念的内化过程。这种将社会准则和信念内化为自己的准则和信念的动机来自想要使自己正确而不犯错误的愿望,这些准则和信念纳入自己的价值系统内之后,就成为一个人的自我体系的一部分,成为他自己的准则,并且变得非常难以改变。这是人的社会性的表现,恶劣的社会整体环境和某些不良社会因素还会造成一个人甚至一个群体的人的良心泯灭。

　　不同的政治、经济、文化状况和个体差异可能会使道德准则存在一定的差异,而在各自环境中的人的良心也难免存有差异。如在个人主义的社会中,某些道德观念与集体主义社会中的道德观念不同,人们对何种言行合乎良心的意识也不一定绝无差异。另外,人们为了使自己的行为合理化,也会扭曲良心以麻醉自我或者他人的理性判断的能力。例如“过去宗教法庭上的人,他们把一些有良心的人捆绑在火刑柱上烧死,宣称这是基于他们的良心的行为;当战争贩子为了他们的权力私欲而置他人的行为于不顾时,也宣称他们是代表他们的良心行事。事实上,任何对他人或自己的残暴或冷酷行为,很少不被解释为受良心的驱使。”(E.弗洛姆语)然而,毕竟人有共性,不同的人,良心也有许多共性。司法官应当代表社会的良知进行审判活动,他对证据、事实和需要适用的法律进行的判断必须本着司法官应有的良心进行。司法官的责任是对证据和事实作出判断并在此基础上适用法律,一部好的法律应当符合社会的道德和良知,司法官正确适用法律的过程体现了对社会良知的遵从。司法官对于善恶是非的判断符合法律和法律的精神,也符合在社会准则和信念基础上形成并与之相一致的个人良知。

　　一个人要有良心，良心才有力量。要让所有的司法官都有良心，必须提供使他们具有和保持良心的外部环境。这就要求，选任司法官必须注重个人品格，社会和政治法律制度要有助于司法官保持良心——当他秉着良心司法的时候，他拥有免于恐惧的自由。

　　远离专制的时代，才能让斯塔阿尔的正直得以舒展吧？

# 法官该分等级吗？

英国学者 R. C. K. 恩瑟（Ensor）有一本小册子，写得大有见地。书名为《法院与法官》（*Courts & Judges*），关心司法、对法官的品格塑造有兴趣的，不妨找来一读。

恩瑟比较英国、法国和德国的法官和法庭，指出英国司法的优点，他说：英国司法的一些特征，会打动将英国的司法制度与其本国的司法制度进行比较的、来自大陆国家的研究者。恩瑟列举的英国司法若干特征包括：

1. 在英格兰，法官的职位从成熟年龄的执业律师中选任。

2. 由某一级别的法官升任另一级别的法官人数少到几近于无，因此法官不会让迁升的想法影响他的行为。

3. 法官的薪金比他们在大陆国家的同行高得多。

4. 陪审团的应用范围广泛。

5. 外行因素介入某些较低的刑事法院的审判并起到主导作用。

6. 在英格兰没有司法部。

其中，他指出的"由某一级别的法官升任另一级别的法官人数少到几近于无"，这一特点与司法独立、公正之关系耐人寻味。

法官分级制形成的组织体系是层级体系,亦即金字塔型组织结构,所有成员或者绝大多数成员皆由底部进入,渐次向上攀升。正如法国政治家、著名学者阿兰·佩雷菲特所言:"它把每一个人都放在一架梯子上。每一级都是事前指定的。这样一直到告老退休。"

"任何等级制都起禁锢作用。"分级制的逐级晋升机制是上对下进行控制的有效方法,要进行统制,分级制值得选用,这一奥秘被德国的一位司法部长一语道破,他在谈到检察官独立性时说:发布指令并不是行政机构影响检察机构的唯一方式,他并不使用这种权力,只要有擢升检察官的权力就足够了。

分级制将惩罚和奖励一个下属的权力交给上级的某一个人或者由少数人组的一个小小的团体。后者掌握的是使其下属畏惧受惩罚和期望得到提升的权力,这种权力即使暂时储存起来未予使用,也会因其潜在力量而迫使或者诱使下属遵照上级期望的行为模式进行活动。

法官职业具有反等级特征。对于法官而言,分级制的致命缺陷在于它的统制效力。在分级制度下,下级法官为了避免被贬黜或者仕途蹭蹬,或者为了获得晋升,刻意迎合有权决定其官场沉浮的上级意志,这种迎合潜伏着司法不公正,因为统制权力既可以为善也可以为恶。

我国法官法专门规定了法官的等级制度,《法官法》第18条规定:"法官的级别分为十二级。""最高人民法院院长为首席大法官,二至十二级分为大法官、高级法官和法官。""法官等级的确定,以法官所任职务、德才表现、业务水平、审判工作实绩和工作年限为依据。"按照这一规定,我国的法官分为四级十二等。但法官等级制度是与法官职务配置并存的,"依照宪法和人民法院组织法的规定,最高人民法院、地方各级人民法院和专门人民法院的院长、副院长、庭长、副庭长、审判员、助理审判员，就是法官的职务。"这一规定，在我看来，是我国立法的败笔。

谈到设立法官等级制的理由，有论者指出：设立法官等级制"是一个在立法过程中有争议的问题"，我国设立法官等级制的意义在于，它有利于建立符合法官职业特点的单独的法官等级序列，有利于反映不同审级法院的法官在素质上的不同要求，有利于增强法官的责任心和荣誉感。

法官上"楼梯"

人们注意到，法官等级制度是在力图将司法体制去行政化过程中形成的，试图避免套用行政机关股科处厅部的级别制度，在行政级别制度之外另设一套制度，在名称上（大概也认为在实质上）与行政机关的级别制度相区别。然而，这种分级制尽管在名称上做到了与行政机关分野，实际上却仍旧是行政化的管理制度，体制本质上的行政化没有得到触动。这种等级制与原有的级别制度一样容易形成等级崇拜：高等级的法官与低等级的法官组成的合议庭，低等级的法官可能因等级因素而趋奉高等级的法官，当后者在前者晋升环节上发挥作用时尤其如此。

此所谓"手套翻过来，还是那双手套"。

# 民国怎样进行司法考试

我国实行的统一司法考试是为实现精英司法而建立的制度,目的在于选拔英才、淘汰庸人,实现惟良折狱的理想。这种理想需要优良的制度来实现。目前统一司法考试制度已经行之十年有余,在取得成效的同时,也暴露出一些缺陷。通过对比法治先进国家经验,可以发现我国当前统一司法考试制度存在进一步改良的空间。不过,改良现有的司法考试制度大可不必舍近求远,了解我国民国时期曾经实行的司法考试制度,不无启发作用。

## 民国时期司法考试分步进行

民国时期司法考试,实行分步进行的方式,大致分为甄录试、初试、再试三步进行。

民国四年(1915 年)政府发布《司法官考试令》,就司法官考试条件、科目等作出规定。第二年又颁布《司法官考试令实施细则》。当时考试已分笔试与口试。民国四年《关于司法官考试令第三条甄录规则》也明确规定了甄录试。民国六年(1917 年)《司法官考试令》规定了甄录试、初试、再试三步考试。甄录试及格者得应初试;初试及格者授以司法官初试及格证书,依学习规则之所定分发各审判厅、检察厅或司法讲习所。学习期满后由监督长官送请再试,再试及格者授以司法官再试及格证书。初试、再试分笔试、口试进行。这一做法后来得以延续。民国二十年(1931年)《高等考试、律师考试条例》第三条也分初试、再试。在1933年5月23日考试院修正公布的《修正高等考试司法官考试条例》中规定考试分为初试、再试,初试又分甄录试、正试、面试,两次考试之间要经过司法行政部规定的学习规则进行学习,学习期满后进入再试,再试又分笔试、面试及学习成绩审查三种。1938年8月20日临时政府令第九十九号公布施行的《司法官考试条例》第四条规定,司法官考试分初试、再试次第进行。第五条又规定:"初试及格者授予司法官初试及格证书,依司法官学习规则所定分发学习或入司法官养成所训练。"第六条对"再试"作出规定:"再试于学习或训练期满后行之。再试及格者授予司法官再试及格证书依法任用。"

初试由该条例第三章专章规定,按照第二十六条规定,初试也要分步进行:"初试分甄录试、笔试及口试,甄录试不及格者不得应笔试,笔试不及格者不得应口试。"甄录试考试科目为国文、本国历史地理、法学通论(第二十七条);笔试又分必试科目和选试科目,必试科目为法院组织法、刑法、民法、刑事诉讼法、民事诉讼法、商事法规,选试科目(应考者可任选二种)包括行政法、国际公法、国际私法、犯罪学、监狱学(第二十八条)。笔试通过后进行的口试"就笔试之必试科目及应考人之经验面试之"(第二十九条)。初试之甄录试、笔试及口试均以所试各科目分数平均满七十分为及格(第三十一条)。应试者三试分数合计总平均在八十分以上者为甲等,不及八十分再七十分以上者为乙等(第三十二条)。

再试由该条例第四章专章规定,再试以考验学习或训练之成绩为主,分笔试、口试及成绩审查三种(第三十三条)。笔试以两件以上之民刑诉讼案件为题,令应考人分别作制处分书或裁判书试验之(第三十四条)。口试"就应考人学习或训练期内之经验面试之"(第三十五条)。成绩审查"就应考人学习或训练期内之成绩审查之,其审查方法由典试委员会定之"(第三十六条)。另据 1938 年 11 月 29 日法部令第二五号公布施行的《司法官养成所章程》之规定,司法官养成所必修科目为刑法实用、民法实用、刑事诉讼法实用、民事诉讼法及强制执行法实用、刑事特别法实用、刑事审判及检察实务、民事审判及强制执行法实务、外国文、公牍(第三条);选修科目有国际私法、法院行政及实务、监狱学及实务、法医学、证据法、犯罪心理学、审判心理学、华洋诉讼(第四条)。另外,司法官养成所训练期间定为一年六个月,每六个月为一学期(第五条)。司法官养成所应于每月月终举行月终试验,就该月内修习之必修科目选择三科行之;每学期期满举行学期试验,就该学期内修习科目全部行之(第六条)。月终试验与学期试验均以所试各科目分数平均满七十分为及格,月终试验分数加入学期试验分数平均计算,学期试验分数加入期满试验分数平均计算(第七条)。

当年之司法官训练并非完美,1936 年阮毅成先生曾批评说:"其所谓训练,尤令人不能满意。胡长清氏曾于《时代公论》第二十号着有《司法官训练问题》一文,论述甚当。胡氏谓:'……法官训练所所授之学科与通常法律学校,完全相同,其稍示差别者,惟:(一)通常法律学校所用之教本为讲义体,法官训练所所用之教本为逐条解释体;(二)通常法律学校所用之教本不甚注重判例,法官训练所所用之教本则附录若干之判例。除此两点而外,所授之科目如是,教材如是,师资亦如是,彼所谓训练者,特不过一迭床架屋之制度而已……其次所贵乎训练者,固在于司法经验之灌输。实则所谓经验,吾年常穷年累月而不得一二,彼为之教授者,纵属富有经验之司法官,亦感应付之难。训练云云,徒成外观……'"另据阮毅成先生所言:"司法行政部多年来虽于甄拔方面,略将标准提高,但所能补救者仍属有限。如司法行政部定为非毕业总平均在七十分以上者,不得请求甄拔,于是各大学法律系毕业生之总平均,几十分之十在七十分以上,学生以最低七十分责之教员,教员又何必靳而不予?"(阮毅成著:《毅成论法选集》,正中书局 1936 年版)

1938 年 8 月 20 日临时政府令第九十九号公布施行的《法院书记官考试条例》第四条也规定分甄录试、笔试及口试,但不分初试与再试,甄录试不及格者不得应笔试,笔试不及格者不得应口试。考试难度明显小于司法官考试。

民国时期分步考试的做法值得继承。我国当前之一步考试方式,不能真正达到甄拔英才之目的,反而因降低考试通过标准而有司法资格泛滥的倾向。矫正之道,就是分步考试,并且改变考试内容扁平化现象,将考察学生理解、分析、判断能力和法学思想、外国立法例及政治及法律学说之素养纳入高阶考试范围。近年来有学者认为应当将整个考试分作两个部分,即侧重对大学期间所学基本知识进行考查的第一次考试和侧重运用法学知识与技术分析和解决问题的第二次考试。

分步考试可以将律师资格与司法官资格在初试以后分开,司法官资格考试应当严于律师资格考试。通过初试可以获得初试合格证书,经过一年(可以考虑延长至三年)在律师事务所实习并考核合格获得司法行政部门颁发的律师执业证书;要成为司法官,应当在初试通过后参加一年半(三学期)的司法研修,研修考试合格进入再试,再试合格授予再试合格证书,然后选任为法官和检察官。

## 民国时期司法对考生来源的限制

法律人才的培养是一个"过程",没有在较长时间里浸淫于法学知识和法学观念,徒经考试并合格,未必具备一个法律人应当具备的素质和能力。依靠死记硬背和考试技巧训练参加并通过司法考试,入行之后可能难以满足职业需求。易言之,不重视法学教育过程就可能出现能够通过考试却不具有司法人格和法律精神素质的徒有虚名的"法律人才"。因此,应当对考生来源加以限制。

1915年《关于司法官考试令第三条甄录规则》对应试者资格作出了规定,包括:(1)在国立或经司法教育总长认可之私立大学或高等专门学校教授法律之学三年以上、经报告教育部有案者;(2)在外国专门学校学习速成法政一年半以上、得有毕业文凭,曾充推事、检察官办理审判、检察事务一年以上,或在国立大学或高等专门学校教授法律之学一年以上、经报告教育部有案者;(3)曾充推事或检察官继续办理审判、检察事务三年以上者;(4)曾充法部秋审要差确有成绩者;(5)曾充督抚臬司等署刑幕五年以上、品学夙著、经该署官长或荐任以上京官证明者。1917年《司法官考试令》第三条规定了应试者资格,包括:(1)在本国国立大学或高等专门学校修法政学科三年以上毕业得有毕业证书者;(2)在外国大学或高等专门学校修法政学科三年以上毕业、得有毕业证书者;(3)在经教育部或司法部认可之公立、私立大学或高等专门学校修法政学科三年以上毕业、得有毕业证书者;(4)在国立或经教育部或司法部认可之公立、私立大学或专门学校教授司法官考试主要科目继续三年以上、经报告教育部有案者;

（5）在外国大学或专门学校学习速成法律、法政一年半以上、得有毕业文凭并曾充推事或检察官继续办理审判、检察事务一年以上或在国立或经教育部或司法部认可之公立、私立大学或专门学校教授司法官考试主要科目继续二年以上、经报告教育部有案者；（6）曾充推事或检察官继续办理审判、检察事务三年以上者；（7）曾应前清法官考试及格者。另外，具备一定条件者经司法官再试典试委员会过半数之议决得免应考试。其条件是：（1）在国立大学或高等专门学校本科修法律之学三年以上毕业得有毕业证书而成绩卓著并精通外国语者；（2）在外国大学修法律之学三年以上毕业得有毕业证书而成绩卓著者，在日本毕业者并须精通一门欧洲一国语言；（3）曾在国立大学或专门学校教授司法官考试主要科目任职五年以上并精通外国语者。

　　1931年《高等考试、律师考试条例》和1933年5月23日考试院修正公布的《修正高等考试司法官考试条例》也都对考试资格作出限定，两条例规定的条件近似。1938年《司法官考试条例》对司法官应试人的来源限制在修法律政治学科的毕业生之内以及曾任司法、司法行政职务和有法律专门著作者，包括：（1）在公立或经立案之私立大学独立学院或专科学校修法律、政治各学科三年以上得有毕业证书者。（1933年5月23日考试院修正公布的《修正高等考试司法官考试条例》规定为："在国立或经立案之公私立大学独立学院或专科学校修法律、政治各学科毕业得有证书者。"）（2）在教育部承认之国外大学独立学院或专科修法律、政治各学科三年以上得有毕业证书者。（1933年5月23日考试院修正公布的《修正高等考试司法官考试条例》规定为："在教育部承认之国外大学独立学院或专科修法律、政治各学科毕业得有证书者。"）（3）有法律专门著作经审查及格者。(1933 年 5 月 23 日考试院修正公布的《修正高等考试司法官考试条例》规定为:"确有法律专门学术技能或著作经审查及格者。")(4)曾任司法或司法行政机关委任官或与委任官相当之职务一年以上有证明文件者。(1933 年 5 月 23 日考试院修正公布的《修正高等考试司法官考试条例》将这一规定修改为:"经普通考试及格四年后或曾任司法及与委任官相当之职务三年以上者。")(4)在国内外专科以上学校修法律、政治各学科一年以上得有毕业证书并曾在专科以上学校教授本条例第二十八条必试科目二年以上或曾任审判事务二年以上或法院记录事务三年以上有证明档者(第二条)。按照这一规定,有资格参加司法官考试者要么是修习过法律、政治者,要么是具有司法或司法行政经验者,或者是有法律著作者,均以"法律"或"司法"为条件。1933 年 5 月 23 日考试院修正公布的《修正高等考试司法官考试条例》增加一项规定:"在有大学或专科学校修法律、政治学科之同等学历经检定考试及格者。"

对于应试者法律学历加以限制,是因为法律品格的培养,法律意识的熏陶,法律技能的掌握,法律思维的养成,法律逻辑的训练,都需要时日,不能一蹴而就,来个急就章。有鉴于此,司法考试应当对考生来源进行限制,将参加司法考试者必须经过正规的法学教育纳入报考条件,未经正规法律教育者不应被允许参加考试。

### 民国时期限制参加考试次数

参加司法考试次数宜有限制,1938 年《司法官考试条例》第三十八条规定:"再试不及格者得补行学习或训练,再应第二次再试,但以一次为限。"在 1933 年的《修正高等考试司法官考试条例》也规定:"再试及格者授以再试及格证书,依法任用不合格者补行学习,得应第二次再试,但以一次为限。"对考试次数作出明确规定。1917年《司法官考试令》第二条规定了司法官考试年龄下限(即二十岁),但未规定上限,同时规定考生必须是男性。1938年《司法官考试条例》限制司法官报考者年龄,而且限制性别为男性,其第二条规定:"凡中华民国男子年在二十岁以上、四十岁以下"(在1933年5月23日考试院修正公布的《修正高等考试司法官考试条例》中没有司法官考试的年龄限制)并符合其他条件才有资格参加司法官考试(第二条)。对于书记官考试,1938年《法院书记官考试条例》对于年龄和性别也有同样的规定。对于刚刚从帝制走向共和且妇女教育程度总体偏低的民国来说,将司法官等报考者的性别限定为男性无足为怪,但放在今日就属不合时宜了。至于年龄限制,并非不可沿用。

有些国家也有限制考试次数的规定,如德国将毕生参加司法考试的次数限制为2次。这样做,可以避免出现考试人数过度膨胀。考试人数过度膨胀不但造成资源浪费,也契合司法考试选拔精英的初衷。一次考试固然有准备不充分而未通过的情况,二次未通过就难说是偶然。如果允许年年卷土重来,终如《儒林外史》中范进中举一般,即使最后通过考试,也失去了精英选拔的本意了。

# 谁动了法官的自由裁量权

自由裁量乃"依一个人之所认为适宜而进行决定的绝对的或者有限制的自由"。法律赋予法官自由裁量权,意味着法官可以在法律划定的范围内本着良心、理性甚至感情作出符合正义精神的判决,法律允许他进行价值权衡,当法官这样做时,他作出的裁决应当得到尊重。

同许多国家一样,我国法律也赋予法官一定的自由裁量权,但一些"改良"司法的措施却使自由裁量权窒碍难行。

先是河南省郑州市中原区法院在全国率先创立"先例判决制度",目的是"追求高效率的公正,挑战'合法的不公'","建立该制度旨在强化审判委员会的指导作用,规范法官自由裁量权,帮助法官正确适用法律,实现'公正与效率'"。方法是"借鉴英美法系判例法的经验,采取遵循自己以往判决的做法,本着'例以辅律,非以破律'的原则","作为先例判决案件的条件是新类型或具有一定代表性的典型案件对运用证据、适用法律等具有指导意义的案件;以及对本院审判工作有指导意义的其他案件。"据说这一做法的成效是"成功地审结了多起各类案件,取得了良好的法律效果和社会效果"。

实际上,我国所谓"判例"或者"先例",并不是以判例确立的原则或者一般性规则作为约束力,而是就某种情形应当如何定性和处理提供约束力。其中,就量刑作出的某些先例判决,其约束力意味着剥夺了法官的自由裁量权,将法律规定的量刑幅度和案件鲜活的具体情况统统抛在一边。法官根据抽象出来的僵硬的事实骨架与"判例"或者"先例"相对照,按照"判例"或者"先例"给出的现成答案作出裁决,然而现实中完全一样的案例能有多少呢?法院实行的所谓"先例判决"制度和"判例指导"制度,使法官无法"依一个人之所认为适宜而进行决定"案件,法官的理性可能窒息。

有的法院比中原区法院更进一步,大胆设想将已决案例分别编入电脑,承审法院将案件的主要事实、情节、当事人基本情况等输入电脑,电脑就会显示以前类似案件作出的判决,法官无须根据自己的心证决定案件的定性和量刑,一切都在电脑掌握之中。2004年3月,山东省淄博市淄川区法院实施"电脑量刑"(又称"电脑辅助量刑"),九个月内该院依此方式审理了403起刑事案件。以伤害案件为例,具体做法是:(1)计算"基础刑"。法官选择本案罪名并点击,再在"基准刑情节"栏选择"致一人轻伤"进行双击,电脑显示"基准刑为有期徒刑6个月"。然后输入十级伤残,电脑显示"增加基础刑3个月",这样就得出9个月的"基础刑"。(2)计算"浮动刑"。该案有两个浮动刑情节:一是自首,二是全额赔偿,各应减刑20%。法官输入"自首"和"全部赔偿",电脑显示"减少基础刑3个月"。(3)计算"量化刑"。基础刑减去浮动刑,量化刑为5个月。由于刑法规定有期徒刑最低为6个月,则这5个月相应转化为拘役。在电脑上点击"计算刑期",即显示5个月拘役。电脑计算完刑期后,法官最后确定"宣告刑":本案有一个特殊情节,即被告人系持刀伤人,应重于未持械的情况。所以最终确定宣告刑为6个月拘役。这种思路,与当年法定证据制度如出一辙。

殊不知,"电脑量刑"的做法限制了法官根据自己的良心、理性和对法律的诚挚的理解,使其难以在法律赋予的权限范围内对个案进行处理,实现"个别的公正";电脑将纷繁复杂的刑事案件简单化,如果法官机械地按照电脑的指示去处理案件(法官只保留了微小的自由裁量幅度),则失去了根据案件具体情况在法定幅度内选择适于本案的刑期的机会,法律赋予法官根据案件实际情况进行自由裁量的权力遂被弃置。

我国的司法人员,本来有机械司法的惯性,不晓得根据自己对法律的诚挚理解去适用法律,遇到法律上稍显暧昧的问题,总是仰仗上级权威机关给出个明确说法,特别是最高司法机关作出的司法解释,即使何谓"主要证据"之类并非疑难的问题也是如此。现在却连量刑都要借助于电脑,法官甘心扮演一个电脑操作师的角色。有"网民"针对这一荒谬做法提出质疑:"每个案件都是千差万别的,它要求法官针对不同情况,作出具体而有针对性的量刑处理。而且,恰恰就是在运用量刑个别化标准的时候,才是最能考验法官智慧和能力的时候,而电脑量刑则把一个法官所必备的经验抛到了九霄云外。"可谓一语中的。

当年法国的杜波尔在大革命中的议会大声疾呼解放法官的理性,时隔这么多年,我们的做法却是窒碍法官理性的舒展,是否有点不太明智?

# 律师该分等级吗？

凡以"师"尊称的职业，差不多都没有国家权力在手，如教师、医师、律师、理发师、美容师、厨师之类，莫不如此。

律师，手上无权，兜里有钱。20世纪七十年代末我国"拨乱反正"恢复律师制度，律师身份定位为"国家工作人员"；此后制定《律师法》，重新确定律师为社会法律服务人员，律师算是归于正位。律师在社会上混生存、求发展，靠的是法律知识、诉讼经验和办案能力以及法律赋予的与职业有关的权利，或者与公安司法人员的人际关系，报酬主要来自委托人支付的服务费用。律师非官，三五成群或者散兵游勇；即使有上百人组成的庞大律师事务所，也是游离于体制之外，其中的律师大多属于乌合之众，与国家机关人员高度组织化的状态并不相同。日本人称之为"在野法曹"，"在野"一词与"在朝"相对，意思是草野之士、非庙堂之人，的确十分贴切律师的特性。

不过，在官家看来，律师的人数却如恒河沙数，这么庞大的人群，怎可不加以整合、任其逍遥体制之外？何况，如果不将他们整合起来，怎么好把控呢？于是有坐皋比、发号令之人动起脑筋，想到在律师中实行等级制。这一想法一经公开，在律师界立即炸了锅，不少人质疑：律师又不是军人、警察和行政官员,何必分等级?!

其实,律师等级制早已存在,君不见一些律师递上名片,上写"高级律师"? 这便是早已实行的等级的标志。只不过,现在所谓"等级",尚嫌粗犷,也很虚化,未来的律师等级制恐怕要细密得多。更令人动心的是,将来律师收费要与其等级挂钩;不同级别的律师,执业的司法场域也要有所区别,若想到最高法院或者高级法院办案,未达到相应级别就想也别想,不是所有的鱼都过得了那个龙门。

少数年龄偏大、资历颇深的律师心中暗喜,他们成为高级别的金领律师的前景十分明朗;大多数律师并不领情,他们将会失去在最高法院甚至高级法院办案的机会,从蓝领律师、白领律师到金领律师,不知要熬多少年头。地位矮化,收入上不去,想想这些,心里自然堵得慌。

我对律师等级制浮想联翩:为律师量身定做等级制的,是官。国家官员有一种思维定式,喜欢套用行政系统的管理模式来管理社会诸多行业。一些官员的想象力实在有限,又无暇思考不同领域的各种规律,不少改革措施都是抄来抄去,弄得彼此雷同。如今警察分衔级,检察官有职级,法官也早就分了四级十二等。如今想到律师管理体制,自然如法炮制。在决策者眼中,侯律师与公安司法官员一样都等级化起来,司法秩序便可安定下来,呈现朝野一体之相,律师接踵警察、检察官、法官之后实行等级制,其缘由不外乎此。

我苦思冥想,这等级制对律师有什么好处呢? 当年制定《法官法》的时候,最高法院也为法官设计了等级制,有反对者质疑说:法官职业具有反本质化的特征,每一个法官都是独立的判断主体,在裁判过程中行使平等的判断权,等级制不利于体现法官平等裁判的特性,可能导致司法不公。

但是,最高法院还是决定实行法官等级制,理由是等级制能够提供激励机制,促使法官努力上进。如今律师要分等级,估计也有一番大道理,只是笔者见识浅陋,实在无法提升自己的认识高度,难以同有识者不谋而合。

依我拙见,在律师等级制背后打着埋伏的,是对于律师管控的需求。近年来律师界颇不平静,若干律师扮演起"公共知识分子""社会良心"的角色,在互联网上制造了不少热闹事件。更有一些律师在法庭上与法官对呛乃至咆哮公堂,引发一起又一起令法院难堪的"审辩冲突",导致一些部门对律师产生管控的焦虑,担心这一群体失控,成为一股反对的力量,希望找到有效方法将律师有效控制起来。等级制之所以一再被青睐,正是由于这一制度可以有效发挥管控功能,一旦实行有望消释有关部门对律师失控趋向的忧虑。

古人言"无欲则刚",要对律师加以管控,最佳办法是控制他们欲望和欲望实现的机会。每年对律师实行的年检注册制度,是司法行政机关对律师的管控机制,对于约束律师依法执业和遵循执业纪律发挥着保障作用。但是,律师毕竟是在野之士,独立性很强,每年一次的年检,对律师管控的作用较为粗放。要加强对律师的控制,等级制是一种令人神往的选项。对怀有等级晋升期望的人员加以控制,比没有这种期望的人要容易多了。

等级制者,"层级制度"也。形象的说法就是梯型结构。这种制度把人放到各个上下晋级的梯阶之上,每个人都奔着更高梯阶攀爬。攀爬心理的形成,奥秘在于名望、待遇、收入等都按相应的梯级分布,越往上攀爬,获得的利益越大。追求利益最大化的芸芸众生,安有不动心的?将律师划分三六九等,不同级别的律师只能在对应级别的法院进行诉讼,收费也与等级挂钩,就是发挥等级制威力的必要设计。

　　律师等级制之所以应当被抵制，是因为谁掌握了律师等级评定的权力，谁就掌握了对律师人格的控制权力。本来，律师作为社会法律服务者，比体制内的法律人容易形成独立人格，但律师等级制将会使律师成为机关工作人员体系的外围延伸部分，官僚文化必然影响到律师群体，使律师职业的独立性遭受损害。

　　分级制将惩罚和奖励下属的权力交给上级的某一个人或者少数人组成的小小的团体。后者掌握使其下属畏惧受惩罚和期望得到提升的权力，这种权力即使暂时储存起来未予使用，也会因其潜在力量而迫使或者诱使下属遵照其上级期望的行为模式进行活动。

　　为律师评定等级的机构将受到较小的监督。在等级结构中，下对上是仰视的，"有权势的人比在民主政治传统下的人少受公众的监督检查和调整。"彭迈克（Michael Harris Bond）在《难以捉摸的中国人》一书中提到，在中国，人们"常常给予在领导岗位上的人相当大的自由处理的权力，他们宁愿相信人的判断也不相信铁面无私的法律。"尽管高度形式化的评定标准在一定程度上起到约束作用，但评定大权的执掌者仍然有足够空间进行权益分配，由此获得寻租的机会。

　　在我国，律师制度改革的应有方向是减少对律师执业的不当干预，特别是应当承认并尊重刑事诉讼中辩护的独立性。诉讼活动是法秩序下的和平对抗，非诉讼活动也有相当大的对抗色彩。在这种活动场域，律师执业的独立性应当得到强化。这种独立性的最重要的表现是"独立辩护"，是指辩护人进行辩护不受国家、社会组织和个人的干涉。辩护人——特别是辩护律师——本着自己对事实和证据的了解和对法律的理解进行辩护，国家机关、社会组织均不应对辩护人的辩护活动预先加以干预，以免使辩护工作受到干扰，使辩护人有后顾之忧而在法庭上不能畅所欲言。

缺乏独立法律人格的律师群体，不可能担当起法律乃至政治的重要角色。等级制之所以不应当在律师体制中引入，根本原因在于这种等级制的基本规则——"首先是尊重等级制度，其次才是你对真理的看法。"

# 伽利略与知识等级制

比萨有一斜塔,距比萨大学不远,高 54.8 米,2～6 层直径相同,年偏斜度 1 毫米。1590 年斜塔的偏斜度大约为 4.1 米。也就是说,在第 7 层做自由落体实验,可以将物品投落到地面。此塔闻名于世,除了因倾斜的外观,还有一个名字与它相连,那就是伽利略。伽利略在 1583 年登钟塔测过摆的等时性,1609 年又在威尼斯的圣·马尔克塔上观测天象,伽利略在《论运动》(1590)和两本《对话》中提过他在比萨斜塔上进行落体实验 30 余次。据说,1589 年的一天,当时是比萨大学青年数学讲师、年方 25 岁的伽利略从比萨斜塔上同时抛下了两个大小相同的球进行实验,其中一个是重金属球,另外一个是木制球。实验目的是证明两个球在地球重力作用下同时着地,从而推翻亚里士多德的理论。塔上落体实验的结果"否定了古代的力与速度成比例的观点,为加速度概念的出现和发现落体定律准备了条件",同时"给亚里士多德的运动观以决定性的批判,从思想和科学实验方

法上,为近代物理的发展开辟了道路".① (阎康年:《牛顿的科学发现与科学思想》)

这个实验与下文要说的司法鉴定意见的取舍有啥关系?

别忙,先听我说说司法鉴定。

对许多案件来说,司法鉴定是查明案件真实情况的关键一环,不能绕道走,回避开。在黄静案多家鉴定相互矛盾的现象为媒体和公众关注之前,司法鉴定领域的混乱局面就已经成为众多学者瞩目的对象。许多案件,对于同一事项存在不同人员进行鉴定的情况,他们的鉴定得出的结论不一致,司法机关在起诉和审判中难以取舍,这样的事见多了,司法人员难免感到头痛。

学术郎中纷纷开出药方,曰司法鉴定制度改革如何如何,头痛医头,脚痛医脚,忙得不亦乐乎。

---

① 阎康年在《牛顿的科学发现与科学思想》一文中提到:比萨斜塔落体实验是伽利略开始奠定近代物理学基础的最早、也是关键性的实验,伽利略晚年的学生维维安尼(1622—1703)在1654年写的《伽利略生平的历史故事》一书(1717年发表)记载了这个实验,这件事才广为人知。1909年德国的沃尔维尔(E WOhlWill)的《伽利略及其为哥白尼学说而斗争》一书就此提出质疑,提出"伽利略从未在比萨时的著作中写过这件事,在后来的著作中也未偶尔提到过"。1935年美国的库珀(L. Cooper)的《亚里士多德、伽利略和比萨塔实验》一书,追随沃尔维尔的看法,把这个故事说成是"虚构"和"谎言"。1952年11月法国科学史学家考义莱在美国哲学学会发表《计量的实验讲演》,认为从伽利略落体实验用的粗陋计时和计量工具。得出"迈尔森纳甚至怀疑大科学家们所说的伽利略的一些实验是否实际做过"。他就此事发表的论文和论文集,颇有影响。美国语言与信息研究中心的执行主任、美国加州斯坦福大学数学系的客座教授凯斯·达维林认为:伽利略根本就没有做过那样的重力实验。霍金的《时间简史》一书也质疑这一说法,认为伽利略并没有做过这一实验,只是做过一大一小质量不等两个铁球从光滑斜面自由下滑的实验。这些异议的存在,导致大英百科全书的"伽利略"条目否定做过这个实验,世界传记百科全书也予以回避。但有不少学者提出理据说,比萨斜塔落体实验,确有其事。

在对症下的药中，简单的方子会受到青睐，诸如：对司法意见相互矛盾、检察机关或者人民法院难以取舍的，不妨由承办该案的法院指定一家鉴定机构作出鉴定，或者公安、检察、审判三家（抑或争讼双方）共同指定一家作出鉴定。几经讨论，这一建议化作 1996 年《刑事诉讼法》第 120 条的规定，即对人身伤害的医学鉴定有争议需要重新鉴定或者对精神病的医学鉴定，由省级人民政府指定的医院进行。这类规定试图解决鉴定不一致时的取舍，却似乎没有瞧见被指定的医院作出的鉴定可能还存在争议。要是还有争议，那咋办哩？

我曾与一位法官交谈，他说要取舍鉴定意见易如反掌，有何难哉？不是有多家鉴定吗，法官掂量一下哪个鉴定机构更权威、哪个鉴定名气更响亮，就知道该用哪一家的鉴定了。君不见黄静案件乎？承办此案的法院最后还不是采纳了最高法院司法鉴定机构作出的鉴定，其他机构有最高法院司法鉴定机构权威乎？我听了暗暗惊讶，没有料到司法实践中还有如此快餐式想法。

有人开出另一个药方，与这位法官说的采证方式差不多：由司法行政部门统一管理鉴定机构，将鉴定机构分为部属、省属、地市级，统归司法行政机关领导。开药方者说这个方案对于解决司法鉴定的混乱局面药到病除，地市级司法鉴定机构作出的鉴定有了争议，就由上级做鉴定，最后以高级别的鉴定机构提供的鉴定意见为准，不就解决了鉴定意见出自多头、争议不休、难以取舍的难题？

说起来头头是道，我听了心中暗想：如果这种改革最终是要结束鉴定机关多元化设置，代之以某一行政管理机关进行由上至下分级设置的一元化体制，会陷入知识等级制的立法和司法误区。

按照知识等级制,由上而下设置鉴定机构,级别越高越有权威,低级别的鉴定机构或者鉴定人员提出的鉴定意见存在争议时,就委托较高级别的鉴定机关再行鉴定;级别不同的鉴定机关提出的鉴定意见相互矛盾,采纳级别高的鉴定机关提出的鉴定意见。

殊不知,鉴定意见揭示案件真相的实质证明作用,取决于其本身是否科学和符合客观真实情况。这种性质不受权力、地位等因素的影响,高级别的鉴定机构提出的鉴定意见不必然比低级别的鉴定机构提出的鉴定意见正确。鉴定意见是否正确,不能根据级别高低加以判断,必须根据鉴定方法是否科学、检材是否真实可靠、分析判断得出的意见是否合理、客观加以判断。级别再高,鉴定方法不科学、检材不可靠、判断失误也会形成错误的结论;反之亦然。因此,鉴定意见存在冲突,用司法机关另行指定一个鉴定机构的办法不能在根本上解决问题,司法机关专门指定的鉴定机构也可能会出错。

如果谁有权威对谁就要言听计从的话,科学不会进步到今天。当年伽利略爬上比萨斜塔做实验的时候,亚里士多德比伽利略权威要大得多。亚里士多德断言:物体从高空落下的速度同物体的重量成正比,重者快,轻者慢。十磅重的物体落下要比一磅重的物体快十倍。这个论断被当作真理信奉了1800多年。伽利略认为:在没有空气阻力的情况下,任何物体都会以同样的速度从高处下落。如果体积相同但重量不同的两个球同时从高处落下,由于下落过程遭受空气阻力,重量大的物体比重量小的物体先落地。倘若仅以是否权威作为取舍,对科学研究的结论抱有知识等级制的态度,到现在我们可能还在为亚里士多德的断言倾心不已、深信不疑。

所以,对于任何鉴定意见,无论是由哪个鉴定机构或者人员作出的,都应认真审查判断。对于不同的鉴定意见,应当通过法庭质证澄清谬误。鉴定意见存在争议,鉴定人应当出庭陈述鉴定过程、鉴定方法、鉴定材料的有关情况,并对自己的判断作出说明,接受控辩双方的询问和质证,以及法官的进一步询问,通过询问、质证活动达到澄清事实、判明真伪的目的。经过询问、质证活动等检验、判断活动,鉴定意见何者为真、何者为伪仍然难以辨别,本着"当事实或者证据存在疑问作有利于被告一方的解释和处理的原则",采纳最有利于犯罪嫌疑人、被告人的鉴定意见作为定案的依据,方称允当。

伽利略比萨斜塔落体实验

BY J. CHANG

# 公诉人，你可以做得更好

法庭是高度仪式化的舞台，这里搬演的刑事案件大多牵动人心，公诉人置身其中履行职责，仿佛置身聚光灯下，有时成为民众瞩目的焦点。没有人怀疑公诉人是公诉案件的主要角色，但是履行公诉职能的检察官是否做得够好，公众很少琢磨。除了快播案等很少案件，公众几乎没有注意过法庭上的公诉人，对他的法庭表现没有留下什么印象。公诉人尚且如此，其他检察官更加印象模糊。公诉人是否缺乏鲜明的公众形象？答案是肯定的，那么，公诉人是不是可以做得足够好来成功唤起民众的认同与赞赏？

## 为什么没有明星公诉人

多年来检察机关推出先进典型，评选十佳公诉人和优秀公诉人，评定检察理论专家和检察业务专家，近来又评选最美检察官，尽力塑造检察官的公众现象。但如此评选出来的检察官并没有走出检察城池，走向公众田野，这些年来没有真正产生社会认同而不是官方塑造的明星公诉人，应是不争的事实。对比观察，法律界产生了一些明星律师，他们知名度很高，有的成为律师界举足轻重的指标性人物。律师界原本一盘散沙（起码与司法机关相比确实如此），也没有多少官方着力塑造的律师先进人物，律师中却不乏民众认同的知名人士。这是什么原因？

公诉人在司法活动中代表公权力机关，其公众形象相对律师来说更倾向于内敛。公诉人的"法律执政党"角色与律师的"法律在野党"（日本人称之为"在野法曹"）角色相比，有更多束缚而难以施展个人魅力。这是主要的原因之一。公诉人的庭上言论过于谨慎，乃至刻板，缺乏个性——公诉规范也不鼓励公诉人在法庭上表现个性。公诉人与其将法庭当作一个充分展现检察官风采的舞台，不如说当作一个按部就班依照惯性脱坯的工场，即使社会广泛注目的案件，也难以看到他们展现个人魅力，打破僵化形象，创造难忘的公众印象。

一些明星律师是由媒体、尤其是网络新媒体塑造出来的，单靠他们在法庭上的表现很难形成这么大的公众知名度，近几年律师从网络民意获得了力量感，找到"权力"来源，更加积极塑造自己的网络形象。但是检察官不靠这些，国家公权力执掌者的角色使他们不必另谋蹊径去寻找力量来源，成功运用网络新媒体成为公众人物的检察官罕有其人，尽管不乏检察官以个人署名的知名博客、微博赢得众多粉丝的拥趸，但没有几个转化为更广范围的公众认知，让人们知道这位检察官的公众存在。

在民众心目中，不存在明星公诉人，显然有司法体制原因。我们的检察体制是集权体制（即使审判机关也未能摆脱这种集权特性走向分权体制），案件由集体决定，检察官个人是司法传送带上的司法工匠，他们对于自己承办的案件没有什么决定权，法庭上的公诉人忠实扮演着检察机关集体意志执行者的角色，案件办理过程中个人智慧与能力难以显现，法庭上甚至留不下一句隽语。人们不能将一起著名案件与一名公诉人的名字联系在一起，人们根本未能被公诉人打动乃至记住他在法庭上的精彩表现，公诉人就泯然众人成为被忽视、被遗忘的存在了。

## 躺着都能把官司打赢

美国哈佛大学法学院的德肖维茨教授这样评价著名刑事辩护律师巴里对一位偏见重重、充满敌意的精神病医生的质证："质证进行得周到缜密无可挑剔，真是大师手笔。"可惜，我们目前还无法同样评价我国司法审判中的控方或者辩方表现，可以预见的未来也不能——我国司法审判中存在对于控方和辩方的场域限制。

当前的司法状态，所谓好的检察官不过是平平无疵地履行了自己的角色而已。成功的公诉，只是将案件起诉到法庭，出席法庭进行诉讼没有出现大的毛病，小有瑕疵也可归结为瑕不掩瑜。公诉到这一程度，足可应付差事，算是胜任公诉人职务的了。

公诉人的场域是法庭，按说法庭是公开审判的场所，公诉人的口头语言和身体语言都是一种公开表达，这种剧场式的场域适合检察官和辩护律师各擅其长，充分释放个人语言和形象魅力，但是为什么法庭审判中最应出彩的检察官和律师很少有精彩的法庭表现？直观判断是法庭的严肃性使他们小心谨慎，颇为内敛，借用刑法学的术语是"谦抑"；他们常常处于审判长刻意抑制之下，自然是明珠暗投，风采难以施展。进一步思考，还有一些深层原因，大概有如下数端：

一曰缺乏足够的司法竞技性。我国非采陪审团审判，审判组织内缺乏分权，审判又常常空洞化，徒具"表演性"，所谓流于形式者也。在这种不具有真正竞技性、挑战性的审判场合，公诉人的优势是躺着都能把官司打赢，难以产生危机感。公诉人即使偶有逼迫感（如社会关注度高的案件），这种逼迫感也主要源于自己的临场表现能否得到同行认可、领导满意的心理压力，而不是败诉可能性——事实上，几乎没有这种可能性。

二曰非典型性交叉询问。在对抗制诉讼中，控方或者辩方需要确定证人属于哪一方证人，然后准备在主询问或者反询问中一试身手，展现高超的诉讼技能。但我国法庭审判要么没有证人出庭，要么出庭证人属于控方证人还是辩方证人也不大分得清；被告人若不认罪，其辩解本应属于辩护证据，但立法与诉讼实践将这种区别有意无意模糊了。这使得法庭审判失去规范的交叉询问制度运作条件，交叉询问技术不容易通过审判历练而发育起来。

三曰残缺的证据规则。司法审判中缺乏竞技性，规范司法竞技的证据规则同样未能充分发育。例如，最高人民法院司法解释中规定证人作证时控辩双方发问的内容应当与本案事实有关、不得以诱导方式发问、不得威胁证人、不得损害证人的人格尊严，其中"不得以诱导方式发问"的约束并不符合诉讼规律，只有主询问才应约束诱导性询问（但也不是绝对禁止），反询问中诱导性询问恰恰是必要的质证手段。在证据规则不周全的情况下，公诉人或者辩护人都难以依规则对司法审判中的不当询问做出反应，缺乏经验的公诉人在证人出庭接受对方询问或者质证时经常出现"缺位"现象——不能当即反应、提出异议。在公诉人不能及时反应的情况下，职业法官审理而不是陪审团审理的诉讼模式不会使他因反应不及时而产生败诉的风险。

诉讼对抗性弱，公诉人的宝剑锈蚀，没有司法竞技主义的磨砺，不仅培育了公诉人的惰性，也使其公诉水准难以提升，公诉人的公众形象自然就暗淡下去了。

## 公诉语言为何缺乏魅力

对于公众来说，诉讼角色由于各自的语言而变得鲜明。一般规律是，不同职业者各有其声，每个人都用语言为自己画了一个像。无论是否到法庭亲身感受司法审判实况，对于审判过程都不难做印象派的评论，未到法庭观审的，可以通过浏览庭审记录形成判断。在法庭审判中，检察官和律师给人留下的印象往往不如被告人，例如薄熙来案件中，法官、检察官和辩护人三种诉讼角色中的法官给人的印象深于公诉人和律师，职权主义色彩仍然浓厚的我国司法审判使法官拥有家长式形象，公诉人和辩护律师给人们留下的印象则模糊不清。有的案件中辩护律师的表现强于法官和公诉人，偶尔有的出庭证人——例如薄熙来案件中的三位出庭证人——也给人们留下深刻的印象。

诉讼以言词方式进行，公众印象依靠语言形成。语言是思想意识的表达，有时是无意识的表达（如梦呓），法庭语言当然是有目的、有组织、意图明确的语言，有其自身特色（如人们常说的法言法语）。衡量公诉语言，可以从六个方面来观察；公诉人要做得更好，也可以从这六个方面改善公诉语言：

一为目的性。公诉语言应当有明确的目的性，如果不紧紧咬住争议问题，就显得芜杂、散漫。在薄熙来案件的审判中，公诉人就被告人主体身份的举证就明显没有足够的证明意义，法官本来可以直接核实被告人的身份，被告人的主体身份早就是一般领域内的常识性认识了，并非争议问题，对主体身份的证明，就显得目的性不明。在这种情况下，公诉人的举证让人感觉是在按照预定计划例行公事地进行，公诉语言也显得不够凝练。

二为准确性。用语准确是公诉语言的基本要求,公诉人的法庭用语应当力求准确,这样的说法就不够准确:"鉴于庭前会议已经对取证程序的合法性等进行了研究确认,公诉人在出示证据时,将不再对每份证据的取证过程进行详细地说明,请合议庭准许。"其实,即使没有这个前提(庭前会议已经对取证程序的合法性等进行了研究确认),也没有这个结果(对每份证据的取证过程进行详细地说明)。

三为逻辑性。逻辑性强,说服力必强,公诉人的法律语言应有内在的逻辑性,在薄熙来案件的庭审中,公诉人有一处辩论可谓有力:"被告人提出来的另外观点是自我分析,说其从来没有贪污过一分钱、一万块钱,我就能贪污 500 万元? 按这样的逻辑,任何犯罪分子第一次犯罪之前都要有一次副犯罪? 都要有一次前奏的犯罪吗?"这里面包含着逻辑的力量。

四为规范性。公诉语言不规范不一定会削弱公诉力量,但有的确有负面影响。我国司法审判中常有一些不规范用语,如"质证"本来与"诘问""反诘""盘诘"相同义,意思是"反询问",这个词只能用于对言词证据进行的检验,在司法实践中却被普遍误解误用,汉语的式微由此可见一斑。又如"证据效力""证言效力""证明效力"之类说法都含义模糊,规范的语言是"证据能力"和"证明力"。公诉语言若不大讲究甚至大不讲究,容易给人专业性不足之感,即使没有明显妨碍本方的诉讼,对于公诉人形象却有减分作用。

五为艺术性。艺术性体现语言的温度,是感染力的来源。在法庭上,公诉语言缺乏感染力,艺术性是完全谈不上的。公诉人经过芜杂乏味的举证之后,留不下精彩的询问和盘诘语句和具有高超艺术性的法庭辩论,语言过分干燥,公诉词千篇一律,相当乏味。从每个案件中都可以找到特殊性，下点功夫针对这些特殊性进行个性化阐述，可以使公诉人将自己的法庭表现乃至这个庭审活动推向高潮，但不下功夫琢磨，当然不可能淬炼出精致动人的公诉语言。

六为简洁性。公诉语言应当简洁，不枝不蔓，避免废话，不要扯淡。丹宁勋爵认为："要想在与法律有关的职业中取得成功，你必须尽力培养自己掌握语言的能力。语言是律师的职业工具。"要掌握这一工具，"必须不断地练习。像钢琴家练琴一样，律师应该练习运用语言，既要练写，也要练说。""讲话更需要练习，也更需要经验。"丹宁在谈自己的法律从业经验时告诫说：在法庭上，"你必须把事情讲得简单、明确"，"还要记住，无论在什么法庭上，你必须给人留下一个好印象。"

## 公诉人的修养与态度

世界是一个大舞台，每个人都是演员。法庭是一个小舞台，每个诉讼角色都是主要角色。

演得好与不好，有时不自觉，有时不在乎——但有的时候，有的人，真的很在乎。有的人充分利用法庭这个舞台，努力演出——对于有的人来说，是他最后一场公共表演，以前有江青，现在有薄熙来。

公诉人置身于法庭，以何种态度参与诉讼活动，在场的其他人一目了然——举证、辩论等，哪一个不是公诉人素质的表现？公诉人有没有足够的知识，行内人很容易辨别。一个优秀的公诉人应当有独立的司法人格，完整的知识结构——除了刑法、刑事诉讼法（包含证据法）的知识外，刑事政策学、犯罪心理学、司法心理学、证人心理学、法医学、司法精神病学哪一个可以少？法理精通、事理通达、文理顺畅，方显出公诉人气度从容，游刃有余。不但此也,公诉人还应有人文素养,当得起"惟良折狱"的理想。

我在法庭旁观,常常想到:审判活动多人参与,人们对于公诉人的修养一览无余。修养是内在的,但在法庭这样的公共场合,修养总要流露在外,一如春光无法遮挡。

检察官的态度是内在修养的表现,自信,懂得尊重别人(包括被告人),才能多点关切,有些耐心,才不会吱吱喝喝,赖赖叽叽,才不会话酸酸,脸臭臭,暴躁易怒,攻击性外张,成为法庭上的"愤怒鸟";才不会大刺刺,松垮垮,一副夜生活不协调的颓唐模样。丹宁勋爵的告诫值得记取:"还要记住,无论在什么法庭上,你必须给人留下一个好印象。你的外表能说明很多东西。衣着要整洁,不要不修边幅;要修饰好装束;声音要悦耳,不要刺耳,不能不和谐;声调要掌握得使每个人都听着很自然;咬字要清晰,不要吐字含混;讲得不要太快也不要太慢。""还有:不要把手插在兜里,这会让人觉得你懒散;不要身穿长袍,手拿铅笔,面带焦躁不安的神情,这会让人觉得你紧张;不要与身边的人小声交谈,这会显得你对其他人不够尊敬;不要'嗯'呀、'啊'呀的,这会显得你思维得很慢,不知自己下面该讲些什么;避免令人讨厌的矫揉造作,它会分散听众的注意力;不要迟钝;不要总重复自己说过的话;讲话不要冗长,否则,就会使你失去听众。"

到过台湾法庭旁听过的大陆法界人士,见检察官对于被告人、证人、被害人如果统一称为"先生""女士",常见的法庭用语:"某某先生,我可否请教你一个问题?"那温良恭俭让的态度,让习惯于法庭上剑拔弩张、气势夺人的气氛的我们,不免自惭形秽。我想到的是,现在使用法庭身份进行称谓也还不错,但显得略微生硬,用"先生"或者"女士"也许更好,要知道,法庭用语是司法礼仪的重要组成部分,不可马虎草率。

如今诉讼活动到了发现个体的而不是集体的司法官的时候了，民众对于公诉人的角色期待是：正直，理性，有道德良知，有人文素养，尊重事实、证据、法律和人权。要满足民众的期待，检察官要自我塑造，只要自觉，只要努力，这不难做到。

公诉人，你可以做得更好！

# "怨偶"意识

　　无论是否把诉讼当作日子来过,都会体会到那里面有一对天然"怨偶"——原告与被告,或者控诉方与辩护方。接触多了,我细心观察,控诉方(公诉机关)掌握丰富的人力、物力、财力并以国家强制力为后盾,优势明显,心态难免就有几分像"丈夫";辩护方(辩护律师)有法律素养、法庭经验和获胜的愿望,但没有国家强制力为支撑,诉讼权利难以施展,心态上多少有点像"怨妇"。他们在同一诉讼的屋檐下,控诉方行使攻击权,将被告人诉至法庭并以证据支持自己的控诉,要求法院认定指控的犯罪事实并据此定罪量刑;辩护方针对控诉方的进攻展开防御,力求通过揭示控诉存在瑕疵和脆弱达到胜诉的目的。随着律师法修订和刑事诉讼法再修正,控辩双方的这种法秩序下的和平对抗在审前阶段就已经逐渐展开了。

　　这种"怨偶"关系是诉讼固有结构造成的,在诉讼关系中,控诉方的主体是检察机关,垄断着公诉权力,对被告人的犯罪事实作出肯定结论,并就此请求法院作出同样的判断,依法追究被告人的刑事责任。辩护方是这场攻击的防御者,法律赋予其相应的防御权,使之服务于维护被告人的权益。由于诉讼利益对立,控辩双方的诉讼职能截然相反,当把对方看作自己的障碍,敌对意识就此产生,控辩双方成为一对"怨偶"。

英国思想家卡尔·波普尔称诉讼主体间是友好的——敌对的合作,控诉方、辩护方与审判方都是诉讼中"必要的人格",缺乏任何一方,不能成为完整的诉讼。因此,控诉方、辩护方和审判方不可或缺地存在于同一诉讼结构中,相互依存。只有三方都存在,才不至于造成诉讼结构残缺。不过,三方又职能界限分明,一旦混同,就使理想的正三角或等边三角形的诉讼结构遭到破坏。这种既不能摆脱对方又非亲密无间的奇特关系,正像一对"怨偶"。控辩双方内心深埋着"怨偶意识"实在无足为怪。

"怨偶"意识时常在控辩双方准备和开展诉讼中自然流露出来。每一案件,辩护方都以吹毛求疵者的形象出现,如何压制对手而不使之败坏本方诉讼,成为控诉方关心的问题。"怨偶"意识也使律师法或刑事诉讼法修正中,一方因另一方权利扩张而自然紧张起来。在我国刑事司法中,由于控辩关系长期失衡,控诉方权力强大,辩护一方因诉讼权利受压抑的状态而长期保持弱势状态。控辩双方的法律关系的调整意味着扩张辩护一方的诉讼权利,建立双方地位平等、权利对等的理性诉讼关系。控诉方因相关法律修正的焦虑就十分明显。

不过,控辩双方并非不能建立起一种良性互动关系。这种良性互动需要以公平竞赛精神作为驱动力。"公平竞赛"是一种体育精神,其内涵是竞技双方以光明正大的方式进行一场公平竞赛,各方既要在比赛中努力获胜,同时也要尊重对方的获胜愿望,如果使用诡计来僭取胜利的结果,就违背了公平竞赛精神,当这一方试图这样做时,实质上就已经输了。公平竞赛精神源于体育竞技,不仅体育竞技中加以遵守,其他领域如政治场合和司法领域也需要高涨这种精神。

在实质性审判过程中,刑事诉讼是一场场博弈。以博弈论的眼光看来,"人生由一局又一局博弈构成,在博弈中,我们每个人都想胜出并取得高分。"(詹姆斯·米勒著:《活学活用博弈论》)刑事诉讼、尤其是审判活动颇类似一场棋局。法院充当裁判者,控辩双方就是博弈的双方,他们力图在这场棋局中获得完胜。一系列规则保障没有硝烟的厮杀得以公正进行。如果刑事诉讼并非建立在公平竞赛精神土壤之上,让强力压服而非理性论辩来建立"事实真相",那么,刑事司法就不可能走入现代性,司法公正就时时如秋后之荷、风中之烛。

# 行贿者的好日子到头了吗？

翻遍刑法条款，大概只有行贿与受贿是相对应的两个需要刑罚处罚的行为。贿赂，涉及行贿与受贿两个行为（除非对方拒绝贿赂），人们一般理解，这个词包含行贿与受贿两个意思。不过，按字典严格解释，贿的本义是财物，又特指布帛，引申为赠送财物，即用钱财收买他人；赂的意思也差不多，指财物，又指奉送财物。贿赂都是用钱财加以收买，与行贿同义。受贿是收受贿赂的意思，这里的贿赂就该按名词理解了，意思是财物。严格说起来，贿赂就是行贿的意思。

本来，行贿者与受贿者形同狼狈，总是勾搭在一起，才能使贿赂行为有个完整的过程和结局。没有行贿，便没有受贿，这种因果关系再清楚不过。但奇怪的是，行贿者受到的惩罚常常远不及受贿者，被民众痛恨的程度也无法与受贿者相比。

细究其原因，可以看到，有些行贿行为实出于无奈或事出有因。行贿有主动行贿与被动行贿两种。即使主动行贿，也不都心甘情愿——除非付出钱财可以获得更大好处。有些贿赂，虽然行贿者主动为之，但未必不值得同情，在贿赂成为官场常态之时，有的好处是行贿者理应得到的，不过，不行贿可能就得不到。有时候，掌握权力的人原本没有受贿的意思，行贿者主动拿出财物来奉献，目的是得到自己应得的好处。赵本山、高秀敏和范伟合演的一个小品就展现了一个因误会而行贿的故事：一对养鳖夫妇为了继续承包鱼塘，不得不给乡长送礼，他们继续承包鱼塘是正当、合理也合法的，但风闻乡长的小舅子要承包他们的鱼塘，他们不得不提着甲鱼上门，以贿赂方式来"维权"。还有一种情况，行贿者本无行贿之意，拥有权力并贪财的家伙明地、暗地向其索贿，从他们那里榨出油来。不过，同情归同情，构成犯罪的还是一样要受到刑罚处罚，只不过，行贿者可以得到从轻发落而已。

行贿者较少受到刑事处罚，还有一个原因，行贿与受贿，往往属于"四知"案件，所谓"天知，地知，你知，我知"，行贿者不揭出受贿行为，不提供证据，拒绝配合司法机关的侦查、起诉和审判活动，行贿行为也往往难以证实。要知道，有些贿赂案件，正是因为掌权者接受贿赂后"拿钱不办事"或者办不成事，行贿者欲将贿赂讨回而不成，才撕破脸皮闹翻，行贿人气愤难平、怒不可遏而向司法机关揭发，贿赂之事才得以曝光。司法机关经过权衡，以惩治受贿为重，对行贿者网开一面，可以更多地获得受贿的线索和证据。

不应忽略的是，行贿者为了得到自己不应得到或者不必然得到的利益，金钱铺路，财货搭桥，使尽手段。捞取好处，坑害他人，制造不公，甚至使国家利益遭受损害。最近由海南省第一中级人民法院作出一审判决的刘炳坚特大行贿案就是如此。这起案件是从受贿案件的查办中发现行贿犯罪的线索的，刘炳坚为谋取不正当利益，向几位银行行长行贿共计573万余元，使对方违规开信用证和承兑汇票，使中国工商银行海南省分行对外垫付款超过1亿元，至今无法收回，国家利益遭受重大损失。一审以行贿罪判处刘炳坚有期徒刑5年、追缴暂扣刘炳坚的2000万元违法所得，罪有应得，就其造成国家利益重大损失而言，这一惩罚也不可谓很重。这一案件让人们仿佛突然意识到：这些年来司法对于行贿是否太心慈手软了？

多年来，行贿行为确实没有成为公众注意的焦点，当贿赂案件发生后，人们的注意力往往投射在受贿者身上。对权力腐败的痛恨，模糊了人们对行贿行为的视线，只要受贿者受到严惩，似乎大家就可以出一口恶气，不必管那些匿笑的行贿者了。

其实，回顾 60 年新中国走过的历程，会发现曾经有过重在打击行贿的司法阶段。记得读过的周而复的小说《上海的早晨》里就描写了共和国建立之初，奸商向新政府的官员行贿。那时新政权刚刚建立，气象一新，不法商人为了巧取豪夺，极力收买政府人员。在那时，行贿是很严重的罪行，是刑罚打击的重点，拉拢腐蚀党的干部当然罪不容赦。因此，那时的行贿真是遭受着霜刀雪戟，行贿者日子相当不好过。不知何时起，司法打击的锋芒转向受贿者，行贿者受到严惩而引起社会关注的案件几乎一例没有。

弗朗西斯·培根

其实，没有那么多行贿者，也不会有那么多受贿者；反过来也是一样。行贿与受贿本来就是鸡生蛋、蛋生鸡的关系。只打击受贿者，却放纵行贿者，使行贿的浪潮日夜汹涌，遏制受贿的一系列雷霆行动的功效也就湮没不显了。刘炳坚案提醒我们：到了以同样的雷霆行动向行贿行为出手的时候了。

时人喜谈法官之素质,引出的话题是,怎么判断法官的素质高低?

我们见过这样的法官,业务娴熟,常用法律条文倒背如流,令人钦佩;也见过这样的法官,面对怒气冲冲的当事人,始终面带微笑,态度谦恭有礼;还见过这样的法官,毕业于深府名校,谈吐不俗,见解超凡,令人艳羡。我们承认:他们都是素质较高的法官,是司法所需要的类型。

不过,当听说与我有切身利害关系的案件由他承办时,我的内心仍然会忐忑不安:担心那个背起法条来口若悬河的法官,会听命于上司的恣意干预而不遵从法律,更担心法律本身缺乏实质的正当性而被这样的法官机械地应用;也担心那个态度不温不火的人是一个"拖官",对我的疾苦麻木不仁,我的苦苦哀求对他没有任何触动;还担心那个自豪于自己毕业于名牌大学法学院的年轻人只会谈些空洞理论,却眼高手低,白费了一身屠龙本领。我们承认他们有着我们需要的一定的素质,但不一定是我们期盼的那类高素质的法官。

我们心目中的高素质的法官究竟是什么样呢?

作家张扬曾以犀利的文笔写了《早晚有一天》和《〈第二次握手〉文字狱》两本书。在这两本书中,他都提到一位名叫李海初的法官。这位法官生于湖南沅江的一个农民家庭,读过八年村塾,先后当过乡农会的主席、公安员、国防工厂保卫干部、工人、省公安厅预审处指导科副科长、农民、长沙钟表厂书记兼革委会主任,后来调入省法院刑庭做审判员。由于他有着丰富的阅历、认真负责的工作态度,并且作风正派,大案、要案、疑难案件常常交由他承办。《第二次握手》案是姚文元"内定要杀"的头等大案要案,1976年8月,承办该案的任务落在他的头上。这个案件并不难办,法官可以走走过场交差了事。但李海初却将全部二十三本案件逐一细看,并随手摘录。读过案卷后,他深感此案"明明是欲加之罪何患无辞,明明是按预定的框框栽赃",如果经他的手将小说作者判处死刑,回首平生的时候"会感到对不起自己的良心"。为了对得起自己的良心,同时不惹来祸端,他又承揽了其他许多案件,故意将案卷堆满写字台,以任务量繁重为由硬是将案件拖了一年,为该案的平反赢得了宝贵时间。若干年后可以吐露心声的时候,李海初对人谈起,在那个岁月,他不能公开抵制滥杀的狂潮,只能通过各种办法、理由千方百计保住无辜者以及罪不当杀者的脑袋。待狂潮过后,其中一些人被证明无罪,平反昭雪。他感慨地说:"那不是别的什么,那是一条条生命啊!"

从李海初的寥寥数语中,可以寻觅到我们最需要的法官素质:我们期待的法官应当有强固的正义观念和辨别是非善恶的能力,并且能够竭尽其力维护正义。

好的法官不必出自深府名校,或者有着硕士、博士的头衔,但必须有足够的法律素养,并且精于判断。更重要的是,好的法官应当有勇、有谋或者兼而有之。判断一个法官的素质高低的方法,不在于他是否已将法律条文烂熟于胸,也不在于他对法条的理解多么准确和深刻,而在于没有法律条文作为依据而必须审理案件并且作出裁决时,承办案件的法官作出的裁决符合自然正义的要求,经得起检验。要做到这一点,没有沦肌浃髓的正义感,并且讲一点良心,显然不行。

法官苟能有强烈的正义意识,即使在时代风潮的高压下,也不致玷污法官职务的尊严。有这样的法官执棰司法,民众可以高枕无忧矣。

## 却疑春色在邻家

最贫穷的人也可以在他的小屋里藐视皇家的权力。小屋可能很脆弱——屋顶在摇晃，风可以吹进去，雨可以淋进去，水可以滴进去。但是，英国的国王不能进入，他的全部势力不敢跨过这破烂小屋的门槛。

## 刑事法庭内的壁画

有人称北欧国家的刑事诉讼模式与英美国家的对抗制和德法诸国的审问制相比特色明显，可以称为"家庭模式"。在这种诉讼模式中，审判是在家庭式的宽松气氛下进行的，无论是法官还是检察官，都在一种私人气氛中讨论式进行诉讼。不过，瑞典的法律界人士并不认为瑞典的刑事诉讼是家庭式的，但瑞典的法官和检察官对待被告人的态度相当和缓是真的。

当置身隆德地区法院的时候，这个法院的审判庭及其宽松气氛，吸引了我的注意。

隆德地区法院与隆德大学毗邻，掩映在树丛之中，从外面看去，门面不大，楼层不高，没有官衙的感觉。与我国的法院大楼外观无不讲求高大、气派相比，这里幽静，不显山露水，像是一个隐士庐。

隆德地区法院院长埃尔瓦先生头发花白，有着红通通的脸和爽朗的笑。他特意从外地赶回来接待了我们。在一间大刑事审判庭里，他向考察团介绍了瑞典的法院制度和诉讼程序，并回答了考察团成员提出的问题。

我们见到审判庭的法庭布局多是椭圆形的。在这间大刑事审判庭，控诉方与辩护方并排面向审判席坐；主审法官席背后有一扇门，是审判人员的专用通道。门两侧的墙上各有一幅抽象风格的彩色壁画，埃尔瓦先生介绍说,那两幅画是前任院长夫人的手笔,贴在那里起到装饰作用。刑事法庭中居然会张贴两大幅色彩鲜艳的壁画,令来自中国的考察者多少感到意外。在我们的心目中,刑事法庭是严肃的,任何打破这种严肃气氛的装饰都不适当。但在瑞典的这个法庭,控诉方与辩护方恰好面对这两幅画,缓解了刑事审判中容易出现的紧张气氛,营造出宽松氛围。

瑞典有着深厚民主传统,司法文明程度很高,对犯罪嫌疑人、被告人的权利保障完备,法律界对待诸如非法证据排除等问题充满了务实精神,各种法律价值得到兼顾,整个司法活动呈现出尊重人的存在及其尊严的精神。这个刑事法庭似乎就是司法文明的一种表征。

离开了大刑事审判庭,我们参观了一间小刑事审判庭和一间小民事审判庭。那间小刑事审判庭有着更为明显的椭圆形的布局,审判席、检察官席、辩护席和证人席围成一圈,让人联想到圆桌会议。那间小民事审判庭则更为奇特:中间一张桌子,一头宽大一头略小,呈长条形,法官与双方当事人围桌而坐进行诉讼,宛如一家人坐在一起用餐或者茶话。我们进入这个审判庭,立即啧啧称赏,说:"这确实是'家庭模式'的法庭!"

瑞典法庭的宽松气氛强化了我们对北欧的最初认识:半个多世纪以来,北欧各国以其鲜明的特性引起世界许多国家的兴趣,斯堪的那维亚各国社会和政治制度的发展形成了自己的模式。它们是平衡而不失活力、进步而没有革命的民主的社会福利国家,为世界其他国家的发展提供了可供借鉴的经验。

埃尔瓦先生一直乐呵呵地陪着我们在他主持的法院参观,他自豪地对我们说:"隆德法院是最好的法院!"

# 从案件名称看诉讼对抗性

随手捡拾一些案件名称：

*R. v. Antrobus*［1835］

*R. v. Armstrongr*［1922］

*R. v. Algar*［1954］

这是英国的。还有美国的：

*Dollree Mapp v. Ohio*［1961］

*Massiah v. United States*［1964］

*Ernesto Miranda v. Arizona*［1966］

*Dominick Moran v. State*［1994］

*State v. Michael Dube*［1995］

这些案件名称在英美诉讼中随处可见，可曾看出什么门道？

对抗制最初由英国实行，成为英国司法一大特色。英国人素有自由传统,"英国人几乎永远在监视着政府有无损伤他们的自由的行为。"这种时刻提防自己的自由权利受到来自政府侵害的国度,将政府置于被监督的地位上,政府被看作外在于个人的具有危险性的力量,在刑事诉讼中对这一力量的有效制约是通过政府与个人间的对抗并由不听命于政府的独立法庭的秉公裁决来实现的。在英国以及受英国诉讼传统影响的国家,刑事诉讼被看作个人与国家(或曰政府)之间的对抗。

个人对抗国家(man v. the state)的观念,是在人们对自由与权威之间的对立关系的认识中产生的。尽管权威有时成为自由的保障机制,但权威也有可能对自由产生威胁。自由与权威之间的斗争,在诉讼中表现为个人与国家的对抗。对陷入极权社会的近乎本能的恐惧,使许多人坚定地站到维护公民个人通过法律手段对抗国家权力的立场,他们时刻警惕着不使自己的国家走上通往奴役的道路。拉斯基云:"……国民于政府行动,不可丝毫放过,庶几防止其私心自用,而谋自由之保障。国民对于政府,有不当意处,立起而责备之,力争以撤销之,则偏私之弊自少矣。"

在英国,"按照古老的传统,在其领域内维护公共秩序,是国王的职分。国王是通过法官、郡守(sheriffs)、验尸官和其他官员来履行这一职责的。英国最早的刑事检控理论认为,国王是控方当事人(the party prosecuting)。这造成一个有趣现象:在英格兰,由于曾长期实行私诉,国王并不拥有代理其进行刑事检控的人,这被看作英国刑事诉讼许多奇特现象中的一个。直到皇家检察官的出现,才使国王作为控方当事人做到了实至名归。皇家检察官在名义上是国王检控职能的代理人,从而与法国检察官曾经扮演过的角色一致起来。

在英美国家,刑事诉讼中国家与个人的对抗性质,在各个案件的命名中得到了清楚显现。例如，在英国，控诉方向法院起诉，指控诺曼·索恩于1924 年 12 月 5 日犯有谋杀罪，这一案件被称为"国王诉索恩"（The King v. Thorne）案件，在君主立宪制度下的国王乃国家之象征、政府之元首，国王诉索恩实为国家或曰政府诉索恩，这一案件的命名揭示了国家与个人之间的对抗关系，展现了"国王的和平"的意味。美国也是如此，案件的名称为"美利坚合众国诉史密斯"或者"米兰达诉亚利桑那州"等，一方当事人为国家（联邦政府）或者州政府，另一方当事人为个人，在案件名称上一目了然。

我们可以将其与我国作一个有趣对比，在我国刑事诉讼中，无论是国家还是代表国家进行检控的检察机关和检察官，都不是诉讼当事人。刑事诉讼乃国家与个人之间对抗的观念，似乎难为国人所消受。在案件名称上，也就不显示诉讼的对抗性，因此我们的刑事案件名称为"宋江故意杀人案""时迁盗窃案""鲁达（智深）故意伤害案"等，都是顺理成章的事。

在诉讼对抗性得到强化、诉讼观念发生转变的今天，我们的案件命名是否也有必要作些改变呢？

## 代价昂贵的手势

诉讼每天发生，大大小小的法庭为审判忙碌。

在美国西部的一座法庭里，内科医生正在作证。不久前，一名家庭主妇被轿车撞伤，现在她要求肇事者赔偿 10 万美元，理由是她受的伤已经使她再也不能做重一点的家务活。内科医生支持这一说法，事故发生后是他为这位受害者诊治的。对于她的伤情，这位医生了如指掌。在本方进行的直接询问中，他具体描述了病人所受的损伤；对方进行的交叉询问没能动摇他的证词，他顺利提供完证词走下证人席。一切都很圆满，他的心情轻松不少。经过原告及其律师身边时，他亮出了表示胜利的 V 字形手势。这是最初也是唯一的一个错误——但却是代价昂贵的错误。陪审团看到了这个手势，他们想这位医生是偏袒一方的，其证言不可完全信赖，于是最终裁决只赔偿那位妇女 5000 美元。

这是依法律的正当程序审理的案件，陪审团的表现无可指责：它有权根据庭审中形成的心证作出裁决，尽管这一心证可能因为受到与案件实质真实无必然联系的微不足道的细节影响而有所偏颇。

对内科医生也无可指责，他只不过善意地向他的病人打了一个手势而已。他也许并不熟谙这个如此热衷于为证人贴上"控方证人"（原告证人）、

"辩方证人"（被告证人）标签而又如此强调证人中立无偏的诉讼制度,他也许还没有深切体察这一诉讼模式的突出特点：当你踩响地雷时,竟会懵然不知。

——这就是对抗制诉讼,它是从英国习惯法传统中成长起来的审判制度,与这一审判制度及其诸多诉讼规则相伴而生的许多价值理念是人类智慧园中甘美的果实。

不过,古人言"天不予二物",对抗制诉讼也非白璧无瑕。一位初登证人席的紧张的证人在走下证人席时打一个手势、抹一把前额、宽释地叹一口气、欣慰地咧嘴一笑,都可能削弱甚至摧毁其证言的可信性。

当今世界的法律格局正发生许多变化,英美式的对抗制诉讼模式使不少人为之倾倒。日本的一位学者却说："从犯罪现场到监狱之间,有着许多岌岌可危的桥,有时人会坠落于水中。美国就处在这一危险的境地之中。"

从那个代价昂贵的手势,可以见微知著。

## 会错意的一幕

美国加利福尼亚州著名律师麦尔文·拜利早期办案时的一件事：

　　在法庭总结发言中，他使出浑身解数，全身心投入辩论。他感人肺腑的发言显然打动了陪审员中的一员——一位肥胖、慈爱的中年妇女。她坐在陪审席上泪流满面。好啦，拜利暗想，至少我已得到她的支持。但后来陪审团却裁决拜利一方败诉。当拜利获悉那位慈爱的陪审员并没有站到他这一边时，他目瞪口呆。

　　等到那位陪审员出来后，拜利忍不住问道："我原以为你是同情我的，你为什么哭呢？"

　　"这是因为，"这位妇女解释说，"你这么年轻又这么卖力气，可我却知道我不得不投反对你的一票。"

听到这个故事，谁都会失笑。

在英美陪审团制度中，对案件事实作出裁决的，是陪审员——一般为12名不谙法律的门外汉（layman）。这些门外汉大权在握，诉讼双方不能不想尽办法吸引他们对有利于本方事实的注意力，说服他们支持本方主张，甚至在法庭上讨好他们，在他们心中留下良好印象。麦尔文·拜利使出浑身解数想要达到的目的,就是期望这番努力在陪审团的评议密室里开花结果。

不过,陪审团是难以把握、不好预料的小团体。陪审员与职业法官比,最大的缺点是司法理性不足。一些律师有时试图利用陪审员的这一特点来达到胜诉的目的。如 O. J. 辛普森案件的陪审团多为黑人,辩护律师打出种族牌,击溃了福尔曼警官的证词,在"只问黑白,不问是非"的陪审团那里,这一招往往奏效。

陪审团人数一般只有 12 人,由于没有专业训练和司法经验,有时用感情压倒理性来做裁决。法国等大陆法系一些国家引入英国陪审团制度之所以失败,就是因为欧陆国家有着理性主义传统,不能容忍在以"理性"和"良心"为口号的司法审判中由缺乏理性的一帮人乾纲独断。

不过,陪审团并不是"成事不足败事有余"的废物组织。在英国司法史上,由于陪审团是独立而不受羁绊的,并且将社会正义的观念带到司法审判中来,这使它成为"公民人身自由和政治自由的真正的保障"。路易斯·博洛尔指出,"正是陪审团有力地保护了共和主义者抵抗来自克伦威尔的打击报复,维护了许多受牵连的保皇党人的安全。"不难理解的是,克伦威尔对陪审团没有好感,正是由于这个原因,他"公开宣称陪审团制度对司法公正是一个绊脚石,因为他使神圣庄严的裁决堕落成为愚昧无知和卑鄙龌龊的奇思怪想了;因为在这种制度下,法律所蕴含的最重要的旨意并不是由法律科学来决定的,而是由那些充满危害而又缺乏判断力甚至是悟性平平的奇思怪想和偏见的集大成者来决定的。"克伦威尔这番批评,与"当今众多刑法学家的相似批评一样具有某些正当成分"。(路易斯·博洛尔:《政治的罪恶》)只不过,克伦威尔是因为自己要求重建特别审判法庭的主张被陪审团拒绝而大发雷霆说这番话的。

话扯远了。且说对于诉讼双方的律师而言,陪审员是否有足够理性只有在败坏了他的案件时才是要紧的,他们关心的,是如何利用陪审团的理性或者非理性去获得胜诉。不过,尽管努力这么做,他们有时也还是会作出错误的判断,就像本案那样,肥胖、慈爱的中年妇女虽然感情丰沛,内心却自有一定之规,自己的独立判断不会为煽情表演改了罗盘指针的方向。

生活中其貌不扬、也没有多大惊天动地事迹的普通人可效法的地方也多着呢。

BY J. CHANG

# 庞德的忠告

1946年7月3日，中国一家大报发表了题为"欢迎庞德教授"的社论。社论这样写道："中国政府聘来了庞德教授，是中国法律界的光荣。我们不但感到光荣，我们有绝对的必要，接受庞德教授的意见，作为我们改造中国的实体法和程序法的指针。"该社论热情洋溢地说："我们理解了庞德教授学说的重心，就可以推定庞德教授实验主义的法学，将改正我国一般法学家与法律实务家若干基本观念，将指点他们对于中国实际规律，在实体法与程序法上有充分的反映。如果我们能够接受庞德教授的影响，那么我们的法律学与现行法必将开启一个新时代纪元。"

罗斯科·庞德教授(1870—1964)是美国著名法学家，美国社会法学的创始人。1916年至1936年担任哈佛大学法学院院长一职。美国社会法学以实用主义为基础，在美国法律思想中长期占据主导地位。从30年代以来，庞德创立的学说成为美国法庭上的官方学说。庞德著述很多，《普通法的精神》(1921)、《法律哲学导论》(1922)、《法理学》(1959)等皆闻名世界。

庞德来华，是中国法律界异乎寻常的大事件，在此之前，中国法律的移植以取法德国、日本为主，英美法的影响无法与之比肩。庞德受聘中国政府的法律顾问,在当时预示英美法的影响将有所扩张,只不过没过多久,国民党军队兵败如山倒,政府随之垮台,西方法律的移植旋即中断,庞德受聘的实际意义终于不彰。

几十年后的今天,重温当年庞德对中国法律改革的建议颇令人感慨。有学者提道:"庞德对于近代中国的法典编纂成就抱着十分欣赏的态度,认为那是中国法学家对现代法典精心研究和明智选择的结果。与此同时,他也关注这些法典到底能在多大程度上适合中国人民的实际生活这个问题。他主张中国法典的解释和适用未必非要借鉴其他国家对现代法典的解释和适用,甚或受其重大的影响。因为法典是中国的法典,是适合于中国人民的,规范中国人民的生活的。也就是说,现代法律制度不只是由权威的法律规定和技术组成,也是由为人民所接受的权威理念所组成的。为此,他主张,应当把对中国法典的解释和适用置于中国的历史和社会环境背景,以及它们是否显示了历史上的中国制度、传统的民族习惯和理论的基础之上。"最触动当代中国人的,也许是庞德说过的这样一句话:"如果中国由久经继受的现代罗马法系改采英美法系,将是一个极大的错误。"

庞德认为:"一个国家如果没有英美法系的历史背景,没有如英国或美国所训练的法官及律师,要去体会它是很困难的。中国循着现代罗马法的道路已有良好发展,如果转而重新建立一种传统,既无合用的法律书籍,同时也不便于法典化,那便是一种浪费。我对于具有英国法历史背景的地区采行英美普通法予以赞扬,不落后于任何人。但以之移植于不同历史背景的地区,将是无益的。"他对中国人说:"英美普通法最不善处理立法的文件,也没有把司法经验予以公布的背景。英美法制中有法律与衡平法的双重制度,普通法与立法之间有着严格界限,这些我都不欲介绍进来。"庞德还警告说："19世纪的改革家把陪审制度移植到欧洲大陆企求预期的效果，结果失败了，这是值得警惕的。"庞德表示"深信中国之仿行现代罗马法制度的制定法，为一明智的抉择"，认为"如果要在短期内去模仿英美法来适应中国环境，而复由官方公布出来以便法庭适用，几乎是不可能的。""对于英美法制的仿效，可能要经历很长的时间去把握它。"他指出："中国循着已走的道路向前进行，是最适当不过的。"

在今日，没有多少人会仔细斟酌英美法律制度的移植是否适合中国，也没有多少人会"深信中国之仿行现代罗马法制度的制定法，为一明智的抉择"，甚至连庞德说过这番话也不再有人记起。对于庞德的忠告，真可谓："知音少，弦断有谁听？"

## 家·城堡·垃圾箱

英国有一句著名谚语,云:"An Englishman's house is his castle"(英国人的住宅乃其城堡),意思是非经住宅的主人许可,任何人都不得擅自进入。储安平曾说:"英人有言,每个人在其家庭之内,都是一个国王,他的寓所就是他的王国。大体说来,法律只是他房门口的卫兵,法律站在他的门口保护他,禁止任何人侵犯他在家庭的自由。"(储安平:《英国采风录》)英国人将住所看作城堡的观念,恰如下面一段话所揭示的:

> 最贫穷的人也可以在他的小屋里藐视皇家的权力。小屋可能很脆弱——屋顶在摇晃,风可以吹进去,雨可以淋进去,水可以滴进去。但是,英国的国王不能进入,他的全部势力不敢跨过这破烂小屋的门槛。

20世纪初,一家在中国发行的报纸刊载一幅照片,足可以作为这段话的注脚。照片上是一户英国普通人家,英国的国王爱德华八世(即后来的温莎公爵)取下头上的帽子置于胸前,俯身向门内的一位妇女问道:"我可以进去吗?"以国王之尊,在别人的门前如此谦卑,而绝非造作,给当时中国的读者留下深刻印象。

英国人的"城堡"的观念如此强固,对于侵入"城堡"的行为自然十分警惕。对"城堡"的侵入,一来自平民,一来自执法人员,皆可以援用有关法律加以阻遏。执法人员的侵入主要是搜查,对房屋的搜查必然要进入房屋而往往使居住安全、隐私权受到侵犯。由于搜查牵涉许多重要的民法权利,不仅在英美,在世界许多国家,对警察的搜查权都加以严格限制,通常通过司法令状加以限制。在一般情况下,搜查需要预先得到法官签发的搜查令;如果警察违法搜查,可能会承担民事、刑事责任。

英国居住自由的观念有着广泛影响,美国这一观念达到的程度并不亚于英国。在美国,有的时候,"家"的观念竟达到了近乎玩笑的程度。一位中国读者在研究美国宪政的时候为下面一则案例所触动:

有一年,纽约市警察局得到线索,说在某公园一只废弃不用的垃圾箱里藏有一些违禁物品,他们自然就想也没想撬开了垃圾箱,结果发现里面果真有一些违禁物品。但事情的蹊跷在于,里面同时也发现一个常年住在其内的老乞丐。纽约市警察局因此被告上法庭。原告,也就是乞丐的辩护律师认为,这个垃圾箱,对一般人而言,是一个可有可无的废品,而对他的当事人来说,这个废弃不用的垃圾箱就是他的家。他吃在此,睡在此,行吟在此,尤其重要的是,里面藏着他全部乞讨来的私人物品;而被告,也就是纽约市警察局,竟然无视一个公民的合法权益,在没有得到法院搜查证的情况下,非法侵犯了一个公民的家。

这位中国读者感慨道:"实际上,对我来说,这个故事的结局并不重要,重要的是这个故事的本身所传达出的文化信息。它的逻辑,它的思维方法,它所携带的生命理念对我来说是全然一新的,是超出了我的文化经验和文化想象的……它所告诉我的是，一个国家的合法公民，在没有法院足够的证据认定之前，他的住宅、财产和文件是神圣不可侵犯的……这个故事最重要的一点，我想提请诸位注意，那就是辩论双方都没有提到搜查的结果，即确实搜出了一些违禁物品；也没有提到搜查的对象，即老乞丐。他们关心的只是警察权力的合法性，即只关注行为的发生过程，而不考虑行为的直接后果。"对于不明其背后的价值理念的国人来说，这"无异于一种'外星人思维'"。（狄马：《乞丐、垃圾以及多数人的暴政》）

百年前，国人不断地发现西方社会与我们自己的国家不同之处，一些新的观念，被介绍给国人，往往毫无影响，久之复又湮没无闻；许多年后，又有人重新发现这些"新的观念"，再介绍给国人，仍然毫无影响，复又归于湮灭。鲁迅所谓中国人无感染性，便是指这一状况而言。住宅乃一个人之城堡的观念，许多年前已有学者向国人介绍，不过，世易时移，风流云散，并没有在国民心理上留下痕迹。如今又有人重新向国人推介这一观念，只是不知道有多少人能够有所触动。实际上，倘若国人建立起同样的观念，也就不会一次又一次地为这样的观念所震撼了。

当然，将乞丐居住的垃圾箱视为该乞丐的"家"，事属非常，为之惊异一番无足为怪。垃圾箱本为公共之物，却为私人占领并主张权利，气虽壮理却有所不直。仔细想一想，乞丐的律师的这一主张却也不是全无道理。该乞丐确实是把垃圾箱当作"家"来使用的，而这个垃圾箱对它的占有者来说也确实发挥着"家"的功能。

让警察把垃圾箱看作一个人的家，特别是在不知有人居住的情况下仍然如此，玩笑开得不免有点大。不过，这背后的观念却是严肃的：公民自由权利不可恣意侵犯，这一训诫永远值得珍视。

## 电视观众看得见的正义

常常在电视上看到法官接受记者采访,侃侃而谈他刚刚办完或者正在办理的案件。对于这样的情景,不能不感到惊讶:法官应当缄默,他们对案件的认定和态度体现在裁决书中,法官经常在电视上接受记者采访,动辄公开发表对案件的认识和意见,容易使法官陷入舆论的旋涡,有损法官的尊严。

其实,这还不是最要紧的。最要紧的,是电视直播或者录播法庭审判的做法。

司法良性运作,需要由一定的开放性加以保障。司法过程的开放性可以使民众和大众传播媒介对司法活动进行监督,防止司法不公的倾向;也有利于增强民众对法官的信任,提高法律和判决的威信。不过,开放司法过程并不是漫无限制的。美国著名律师、作家文森特·布廖西(Vincent Bugliosi)在《暴行》(Outrage)一书中对辛普森被无罪释放的原因进行探析,对法官伊托允许进行电视转播的作法颇有微词。

他提出批评说,电视转播与法庭的严肃性是矛盾的:"审判是严肃、庄重的过程,经常决定一个人有无自由,甚至生死攸关的大事,任何介入,哪怕存在最小的潜在的介入都应禁止。"电视转播对证人有不良影响,大多数人在公众面前讲话都不自然,他们会显得胆怯、犹豫或者做作,行为有些异常,陈述时的措辞也会更糟。"当这样的事情发生时,审讯作为寻找事实真情的过程,以及它的目的就无法正常实现。"电视转播也影响到法庭中的其他人,辛普森一案的律师们就抱怨说电视转播副作用很大,让他们觉得像演戏一样不自然。至于电视转播的教育意义,实际情况也与一些人夸示的不同,"电视转播审判,就等于在上演一出全国性的肥皂剧。"人们看电视,纯粹抱着消遣的心理,"无论有没有附加的教育任务,刑事审判的唯一目的是要决定被告是否有罪,而不是一定要教育群众。"

对于刑事审判应否允许电视转播,长期存在争议。西方国家对电视转播一直抱有慎重态度,对于法庭审理的场景的直观描述,由一些法庭画家来完成。英国对新闻报道犯罪情况和司法活动的限制较严。美国虽然宽于英国,但以往多数法庭不允许新闻记者在法庭上摄像和拍照,允许对审判活动进行电视转播是罕见的。1965年埃斯蒂诉德克萨斯州一案中,由于法庭破例允许对审判进行了电视转播而被最高法院撤销定罪,理由是:"从审判法官宣布某一案件要进行电视实况播送时起,它就变成轰动一时的案件……受到电视转播的陪审团成员不能不感到压力,知道朋友和邻居们的眼睛正盯着他们。"不过,近年来一些法院在电视转播方面的限制有所松动。例如,1952年纽约州通过的民权法第52条规定:禁止照相机和摄影器材进入州法庭。1987年纽约州法院法第218条规定法庭可以有限制地对新闻媒体开放。如今纽约州基于宪法中的言论自由条款和对电视报道的信任而允许进行电视转播。迄今为止,美国已有48个州允许新闻媒体在案件审理中进行一定的录音录像报道,其中37个州允许电视台对法庭审理进行转播。

电视转播的支持者认为：对于公众瞩目的案件，应当让民众知道法庭是怎样审理的，在民众的监督下案件能够得到公正审理。法庭旁听席容量有限，如果民众只能到法庭旁听，就剥夺了一些人参与的权利。允许新闻媒体进行电视转播，能够增进更多的人对司法系统的了解，提高他们的法律意识。

不过，电视转播的支持者对于审判公开的积极作用认识有余，对审判公开存在的弊端估计不足。审判公开素来存在一定的弊端，诸如：过分损害被告人的羞耻心，不利于其悔过自新；对于某些意志力不强、缺乏辨别力或者具有不良倾向的人，会起到传习犯罪的作用；影响证人出庭陈述，在人员芜杂的公开场合，证人的心态和表达可能会受到不良影响，影响其向法庭提供证人证言；在涉及国家机密和商业秘密的案件中，公开审判可能造成国家机密和商业秘密的扩散。电视转播在取得良好效应的同时，使审判公开的负面效应也成倍放大，司法机关对此显得估计不足。

另外，电视转播对审判人员产生精神压力。无论采取电视转播的做法是否是承审案件的法官主动采用的，电视转播对他都会产生一种精神压力，这就是过分关注媒体对案件的评价或者报道中表现出来的倾向性，留意媒体对承审法官的褒贬，对舆论的走向也表现出过分敏感，这样就产生了一种危险：法官在判决案件的时候难以保持一种独立判断的精神，成为新闻媒体和社会舆论的奴隶。这样，电视转播不但不利于司法公正反而可能起到相反的作用。

电视转播中容易掺入表演成分，使法庭审理的活动变成了表演"秀"(show)。电视转播，常常使法官、检察官和律师演员化，《洛杉矶每日新闻》曾经在 1994 年报道说：为了电视转播，"辩方律师买了两件新衣服，法官的妻子在他早上上班之前,检查他的发胶喷没喷好,法庭记录员总得提醒自己不要用嘴叼笔。"当他们在法庭上过度地注意自己的形象时,怎么能期望他们把全部注意力放在法庭上呢? 不难了解,电视转播也使我国的一些法官、检察官和律师对自我形象大为注意。为了开好庭,法官、检察官和律师往往在庭审前进行了充分的准备。特别是,案件通常是挑选出来的,有的法院在庭审前专门进行研究,拿出或者近乎拿出了处理意见,法官在"胸有成竹"的情况下开庭,庭审势必流于形式。

电视转播只是对庭审过程在媒体上进行传播,庭审之外存在的更为实质性的活动,并不为公众所了解。如开庭前研究和开庭后向庭长、院长甚至上级法院的请示汇报,无法使法庭审理具有实质性,这样电视转播所具有的监督法庭审理活动的功能就被削弱,即使对庭上审理进行全程直播,也不能解决"暗箱操作"问题。

# 梅汝璈眼中的东京审判

梅汝璈先生在遗著《远东国际军事法庭》中对英美式诉讼和证据制度有许多论述;特别是,对重形式而不重实质的英美式诉讼颇有微词。远东国际军事法庭审判本来强调不受形式性规则的约束,注重案件的实质真实发现,这种意旨更接近大陆法系的精神。但由于英美法系的法官、检察官和律师取得了东京审判的主导权,这一旷日持久的审判也就顺势让英美式诉讼方式占了上风。东京审判以后,时隔多年,梅汝璈撰写《远东国际军事法庭》一书,对于东京审判采行的方式仍然大摇其头,其观点颇能代表当时中国学者和司法官员对于英美式诉讼的一般态度。

远东国际军事审判按照远东国际军事法庭的宪章进行,该宪章分为五章,共 17 条,由东京盟军最高统帅根据一系列的国际文件——《波茨坦公告》、日本投降书和莫斯科外长会议的决议——的间接授权所制定,1946年 1 月 19 日以特别公告颁布。宪章既包含法院的组织、人事及行政事务,也包含法律问题。法律问题中有实体法问题,如法庭的职权、对人对罪的管辖权、刑罚权;有程序法问题,如陈述的顺序、审理的进行、证据的采取、证人的诘问、判决的刑格、刑罚的执行等。

远东国际军事法庭宪章第十二条"审讯之进行"规定的是,在审讯过程中法庭为保证审讯公正及迅速所应采取的措施及应行使的权力,诸如:法庭应采取措施使审讯程序(无论是陈述、提证或辩论)严格限制于控诉提出的问题,并防止及排除一切与本案问题无关的陈述及一切可使审讯拖延的行为;法庭应行使维持法庭秩序之权力,对不守纪律或藐视法庭之人应断然予以相当之处罚,包括剥夺其参加审讯程序之全部的或部分的权利。此外,对于个别患有严重精神上或身体上病症之被告,法庭有权决定其是否应当停止出庭受审。

远东国际军事法庭宪章第十三条是关于证据的规定,列举了各种可以和应该采纳的特定证据的项目,以及提出和登记证据的手续、格式。"它的总的精神是:关于采纳证据,法庭不受一般技术性的采证规则之拘束;法庭将尽一切可能采取简单、便捷而不拘泥于技术性的程序,并得采用法庭认为有作证价值之任何证据。"梅汝璈批评说:"这一条的用意虽善(目的是保证审讯进行尽量迅速、简便),但是,事实上,由于大多数法庭成员未能摆脱英美法系高度技术性的、烦琐复杂的证据法规则的影响,审讯还是不能很迅捷地进行。法庭审判之所以拖延至两年半之久,其原因虽多,然采证手续之过分烦琐、复杂也是重大原因之一。"

远东国际军事法庭宪章第十五条规定的是"审讯程序之进行",其勾勒的大体轮廓是:检察官宣读起诉书;法庭对被告作认罪与否之询问;检察官长及每一被告分别各作一次简赅的"开始陈述"(即所谓"始诉辞",日人称之为"劈头陈述"或"冒头陈述");检察官提出控诉被告犯罪的证据及被告(或由他们的辩护律师)提出辩护证据,包括证人和文件;被告和检察官诘问对方所提供的任何证人及反诘对方提出的任何文件;被告(或由其辩护律师)陈述意见(致"终诉辞");检察官陈述最后意见(致"终讼辞");法庭制定判决书及判处各被告的罪刑,并宣布之。

从这个诉讼程序看,远东国际军事法庭的审判模式近似英美式诉讼。英美式诉讼是双方对垒性质的,在法庭上表现为激烈的言词对抗。英美人将对抗制描述为一种辩论程序,公诉人和被告人及其辩护人都向法院提出各自所了解的事实,这种诉讼是依严格的证据规则并通过行使交叉询问和辩论的权利来推进的:一方当事人连同证人努力去证实就其案件来说必不可少的事实,另一方当事人努力去否定那些事实或者进行正面的辩护。这种诉讼方式的机理是通过控辩双方作用与反作用,达到制约政府权力、揭示案件事实真相的目的,体现了证据调查活动中的竞争机制。该审判制度基于这样一种判断,即控辩双方的对抗被认为是发现案件真实的理想方式,如哈佛大学法学院教授艾伦·德肖维茨指出的那样,对抗制在保障被告人权利的同时,"通常产生正确的结果"。这一说法得到许多人的认同。美国法学家朗·L.富勒热情赞扬对抗制诉讼,认为对抗制"的价值在于它可以使个人的能力提高到某种阶段,以致能借别人的眼睛来透视真实,能够在'人情法理'范围内尽量变得大公无私和摆脱偏见的羁绊"。

远东国际军事法庭宪章列出的审判程序已经呈现了对抗制诉讼的模样,审判中的实际情况就更明显了。在审判中,梅汝璈深有体会,他指出:"在远东国际法庭的宪章中虽然没有明文规定采用英美法系的诉讼程序,相反地,有的地方还特别声明法庭不受任何技术性的诉讼规则的约束;但是,实际上由于宪章和程序规则都是英美法系人员所拟订以及英美法系人员在法官和检察官中占有压倒的多数,因此,远东法庭的整个诉讼程序都受着英美法系的严重影响。"例如,"对出庭作陈述的人们,无论是检察官、辩护律师、被告或证人,法庭直接做口头询问的场合是很稀少的。因为,按照英美法制度,所有可能提出的问题几乎都会由敌对双方(原告与被告)的一方尽量地向另一方提出的。例如,对检方的陈述或主张,辩护方面可以提出种种的非难并要求其答复任何问题,这就形成了一场淋漓尽致的言辞辩论。又如,对检方所提供的证人,辩护方面可以尽量对他的证言提出种种质问,进行无孔不入、无隙不乘的反诘,力图贬低证言的价值。检察方面对被告方面所作的陈述及所提出的证人也是如此。这样,经过双方的互相诘问、互相责难,事实的真相和问题的所在便很容易弄清楚。法官们只需要静听,就像辩论会里的裁判先生。这和大陆法系国家的法官对出庭者直接发问的情况是迥然不同的。"(梅汝璈:《远东国际军事法庭》)

这种审判方式带来了不少困扰,在远东国际军事法庭的审判中,曾传唤数以百计的证人和接受了数以千计的文件,控辩双方不断就证据提出临时动议,可谓多如牛毛、不可计数,而且无穷无尽、永无休止,辩护方实施其拖延政策——期望国际局势发生变化而使远东国际军事法庭的审判无疾而终——就是以此为最有力的工具。对于每一个这样的临时动议,法庭明明知道那是无理取闹,也不能不当场作出裁定,以便使审判能够继续下去。这种频繁的临时动议,浪费了法庭大量的时间,使诸法官深感头痛。

远东国际军事法庭中的律师充分利用对抗制提供的每个空隙、扩张每个可以占据的空间。日本被告人请有日本律师,但日本是大陆法系国家,为了在司法竞技中取胜,被告方面还请了美国律师。在梅汝璈看来,"美国律师在法庭上不但表现得肆无忌惮,而且有时还表现得不可想象的愚蠢。"不过,"他们的行为虽时常遭到法庭的制止和申斥,但是通过这种行为,他们仍然可以达到他们拖延审判的目的。他们无隙不乘、无孔不入地利用英美法系烦琐复杂的诉讼程序,竭力使东京审判的时间拖长。"(梅汝璈:《远东国际军事法庭》)东京审判长夜漫漫,月复一月,年复一年,辩护方这种"延宕战略"实为主要原因之 ㈠。面对辩护方面这种"延宕战略",大多数法官是感到厌烦、忧虑甚至焦急的。但是由于法庭宪章上和组织上有些无法纠正的缺点,例如,前面指出过的被允许出庭辩护律师太多,诉讼程序太烦琐,以及为了保证公平审判不能压制辩护方面畅所欲言,等等。他们无能为力,莫可奈何。

梅汝璈批评说:"英美法系的程序规则是世界各法系中最复杂、最繁琐的,它里面掺杂着形式主义、主观主义和许许多多历史残迹。"毫无疑问,"英美法系的证据法则是世界各法系中最复杂、最繁琐,而且最形式主义的一种法则。"例如,其形式主义的表现之一:"证人在出庭作证之前,除了应该避免同对方有任何接触之外,还有一条戒律是要遵守的,那便是:除非获有法庭的特别许可,他不能擅自出席法庭去观察或旁听。这也是一条稀奇古怪的规则。它原来的用意无非是避免证人'摸'到法庭审讯的'底',从而在轮到他作证的时候便可能变得不那么'天真',不那么'老实'。其实,这是主观主义的想法,并没有多大的实际效用。因为,他虽不出庭去观察,但通过同邀请他出庭的当事人的接触,他是很容易洞悉审讯的真相的。事实上,在作证之前,他同邀请他的当事人(检察官或被告辩护律师)接触十分频繁,来往十分密切;他在作证时所持的观点立场,应作的证言,以及如何对付对方的反诘等,都是事先'协商'好了的,甚至是由当事人导演的。法庭对这种事情非但不加禁止,而且认为是理所当然。但是对于无关宏旨的旁听观审却严加禁止,以为这样便可使证人作证时'天真'一些,'老实'一些,少受些外界影响。这是多么不合理的一项规则。"(梅汝璈:《远东国际军事法庭》)

257

另外,证人作证采取一问一答方式,其全部证言是由他就所有问题的回答综合而成的,这种方式的好处是:"在答复个别的特定的问题时,证人的陈述可能比较具体、真实,而且在对方的严密监视和不断干扰之下,他的态度可能比较慎重、严谨,至少不能信口开河,胡说乱道。但是,这也只是形式主义的看法。正如前面所指出的,这些问答的内容实质大都是直讯执行人和证人双方事先'编排'好了的。"这种问答方式,"除了使证言支离破碎,不易突出重点之外,其最大的坏处便是过分浪费时间。"这逼得法庭被迫在直接询问中采取了宣读书面证言的方式,这"是远东军事法庭审讯程序的一大革命,它为法庭节省的时间之多是无法估量的"。耗费时日的,还有反诘制度,"反诘作为一种考验证言的制度,在理论上是无可厚非的。但是,在实践中,它却是一种十分耗费时力的制度。"这是任何人都可以想象得到的。(梅汝璈:《远东国际军事法庭》)

梅汝璈几十年前对英美式诉讼的感想和批评,并非出于战胜国审判官的偏见。事实上,英美式诉讼优点明显,缺点也很明显。许多年前直至现在,美国法律人对于对抗制诉讼的批评与梅汝璈颇为一致,足见梅汝璈所言不虚。庞德就是持批评态度的一个。在《普通法的精神》一书中,庞德指出:"根据男子技艺比赛的规则,由一个法庭监视公平竞赛并防止干预"的诉讼方式,"如此热衷于保障个人之间竞赛的公平,而疏于为社会提供保障。它依赖个人的主动性去实施法律,维护权利。"他评论说:"过度认为诉讼为一种争斗的结果,不但在特别案件中刺激了各方当事人、证人及陪审员,并且使整个社会对于法律的目的和宗旨发生一种错误的观念。所以近代美国竟大规模地攻击法律。倘若法律仅是一种竞技,则无论参加此事的竞赛人员,或见证此事的公众,他们只想逃避法律以保持他们的利益,这

样又如何能希望他们去服从法律的精神呢?"约翰·列维斯·齐林的观点
与庞德一致,他认为,司法竞技主义"对于许多现在阻碍着或有时推翻了正
义的方法实应负其责任;因为这理论常常使无辜者不能立即开释,而使有
罪者反得逃免他应得的惩罚。这种理论对于现行证据法的悖理可笑也应
负一部分责任"。人们也在寻求弥补英美式诉讼制度中的不足。美国的马
文·弗兰克尔法官在《寻找真相——一个裁判者的观点》一文中,虽然没有
提出采纳欧洲大陆以法院调查为主的诉讼方式,但极力主张给法官配备独
立的调查员,以便能够更好地弄清事实真相从而作出公正的判决。他认
为,如此一来,法庭就将是调查审讯的场所而不仅仅是争论的舞台。法官
也不再是行使仲裁人的最低限度职能的人,他有责任弄清事实真相,作出
公正裁决。拿这些观点与梅汝璈的观点相对照,真有异乡遇故知之感。

　　《远东国际军事法庭》的写作因故中辍,乃至梅汝璈撒手西归,终未成
全璧,不能不说是一大憾事。尽管如此,其亲人梅小璈将书稿整理,在
1988 年交由法律出版社出版,嘉惠国人,值得庆幸。2005 年 7 月江西教育
出版社还以《东京大审判——远东国际军事法庭中国法官梅汝璈日记》为
题出版了梅汝璈日记,这更是值得欢欣之事。梅汝璈梅先生深通英美法,
对于其利钝得失有着精到的见解,这两部书对于中国借鉴英美法系诉讼和
证据制度足为龟鉴,其价值不可低估。

安斯蒂与"贪污巴士"

19世纪中期，一位香港总检察官因得罪不少高官显宦而黯然返回英伦，他忠实地履行了皇家检察官的职责：打破贪官的翩翩绮梦，将腐败渎职的同胞送上法庭。

他叫托马斯·克里泽姆·安斯蒂。这个名字与早期香港的一些反贪大案相联系：1856年警官伦道夫贪污案、执法官米切尔贪污案、1858年总登记官凯德威尔贪污案等，这些震动一时的案件都是安斯蒂侦控的。

那时的香港，真是"无土不黄金"，却腐败成风，大有"有官皆墨吏"之势。英帝国对于公务员受贿贪污并没有严厉的法律加以处罚，香港当局更是对腐败行为采取纵容态度。这给安斯蒂的反贪生涯投下了道道阴影。安斯蒂经过调查后控告凯德威尔十九条罪状，却受到港督宝灵和辅政司布里奇斯的阻挠和指责，逼得安斯蒂愤而返回英国控告；执法官米切尔被法庭判决无罪，安斯蒂反而被控诽谤……诸如此类的重重阻力，最终使安斯蒂离开香港，将一段深深的遗憾留在这块称为"东方之珠"的地方。

安斯蒂的经历让人想起英国爵士百里渠的一段名言："贪污像一辆巴士，你可以登上去，就变成了富翁；你可以跟着它在它的旁边走，知道它的存在，但不告发它；或者你站在它前面，这肯定会被碾得粉碎。"像所有优雅的英国绅士的谈吐一样,这段话机智,读起来令人莞尔。

也许,只有那些大胆站在这贪污巴士前面的人,才会读出百里渠爵士话里的沉痛。每一辆巴士前面都站着检察官,每一位检察官都知道面对的是怎样一辆巴士:虽然无形,却能感知它的存在;如此庞大,能够充塞所有已知、未知的道路;力大无穷,足以摧毁一个政党、一个城邦、一个国家和所有的国家机器。站在巴士前面的人需要以多大的勇气、历经多少磨难才能最终获得成功?又有多少人身处困厄、四面楚歌而最终湮没于岁月?

安斯蒂知道他面临的是怎样一辆巴士。这位来自英伦的检察官,拒绝搭上贪污巴士以求宦囊饱满、衣锦荣归,也拒绝采取物我无涉的空灵态度任凭贪污巴士傲然驶过。隔着百年沧桑,人们是否还能依稀辨识风雨归舟上他孤单的背影?

我们很容易记住那些巨贪大蠹的名字,而那些曾经为捍卫公共利益而坚定地站在贪污巴士前面的人的名字已被岁月消磨。魏忠贤、和珅等人的名字,我们一一悉数,那些当年冒着生命危险弹劾他们的人,除了那位因电视剧而走红的刘墉以外,有多少人鲜活地留在我们的记忆中?

与他们相比,现代检察官们幸运得多,他们有了更多的职务保障,也有了更多精神上的理解和支持。在贪污巴士面前,他们已不再孤独无依。但廉政的道路毕竟仍散布着荆棘,安斯蒂式的悲剧也时有发生。这提醒人们,国家、社会和富有正义感的人们,应当进一步承担起支持他们的责任,只有这样,百里渠爵士的话才不致成为检察官们的谶语;多少年后重提起他们的名字,才能了无遗憾。

## 法院门前的掮客

美国学者阿尔伯特·W.阿尔斯楚勒(Albert W. Alxchuler)追溯辩诉交易的历史,对这一制度颇有微词。他认为,辩诉协商的历史是为自证其罪施加压力的历史。盎格鲁——美利坚的司法与欧洲大陆的司法相比,在证明方法上远为形式化、花费大得多,也更极为耗费时日,围绕审判过程形成的对权利的精密保障为辩诉交易的盛行提供了一个压力来源。人们想象的控告式诉讼已经变成比任何欧洲的"审问式"诉讼制度更依赖于以被告人自己的嘴来证明有罪。他批评说,由于存在多种多样的原因,人们离开有罪答辩不被鼓励和诉讼被认为是"正义最可靠的检验方法"的时代已经很遥远了。第一个就辩诉交易作出上诉判决的法庭不允许"以任何欺骗和诡计"来击溃接受审判的权利。一百年以前这一观点由最高法院进一步发展,形成"一个人不能拿自己的生命、自由或者实体权利作交易"的观点,这一观点已经被今天的最高法院轻视了。

阿尔斯楚勒谈到,在19世纪向20世纪转换之际,辩诉交易潜滋暗长。一些城市法院出现了声名狼藉的政治腐败,这些腐败现象应归咎于日益增长的辩诉交易的做法。

在这个过程中,出现了一些司法掮客,他们在辩诉交易中起着穿针引线的作用。1885 年，Providence 市长罗德·艾兰德（Rhode Island）在安排与州检察长进行辩诉协商中扮演了中介人的角色。到了 1914 年，一名纽约辩护律师有一份账目表，他与一名治安法官的财务分配使他能够"出现在法院门前的街上并且带着就一些判决达成的交易离开，其收费标准是：判处 10 天收费 300 元，判处 20 天收费 200 元，判处 30 天收费 150 元"。迪恩大学伊利诺斯法学院的阿尔伯特·J.哈诺（Albert J. Harno）后来评论道："在记录中看到的辩诉交易几乎肯定都有它的背景，特别是在库克郡（Cook country），与州检察官进行交易的一个开庭期……这些接洽……经常通过另一被称为'掮客（Fixer）'的人而实现。这种人十分可憎，这样一种寄生虫不仅能够存在而且能够繁衍，本身就构成了对我们的刑事司法制度的一项严重指控。'掮客'正像'掮客'这个词所表达的一样。"

从记录下来的有关辩诉交易的判决看，大多数交易是检察官发起的，但实际参与辩诉交易的不限于检察官。曼哈顿地区助理检察官阿瑟·特雷恩（Arthur Train）曾经指出："法院的官员往往因他们作为'答辩的赢家'（Plea getters）的能力而扬名。他们热衷于在自己的审判庭尽可能地在办理案件数量上有完美表现。相应地，每个早晨他们中的一些人就会到法庭下底层的候审室（pens）与那里的囚犯进行答辩协商……据笔者所知，候审室的所有的人会在能说会道的官员的劝说下接二连三地进行有罪答辩。"

警官在这一做法的蔓延中发挥过显著作用。在 20 世纪早期，沃顿（Wharton）在其编辑的《刑事证据》一书中记述了进行交易的警官的腐败动机，宣称他们向被监禁的被告人作出虚假许诺以便"将（他们）移送至监狱，附带着赚取运送的机会和按里程计算的旅费"。该著作得出结论："滥用被赋予(负有拘留责任的警察)的权力已经变成了一种'买卖',并且当法院和控方对这种错误完全不知情时,这一做法也是恬不知耻的。"

阿尔斯楚勒得出结论,在它产生的初期,恰如今天一样,辩诉交易的做法无疑催生了许多满意的顾客,而且对这个过程进行的严肃的司法审查十分罕见。这个事实,伴随着 19 世纪后期和 20 世纪初期城市刑事司法的腐败状况,可能正是辩诉交易不顾上诉法院的谴责而快速增长的原因。

我国法律制度中,原本不存在辩诉交易制度。在美国法律制度的强烈吸引之下,国内许多人热衷将辩诉交易引入我国刑事司法实践,有的司法机关还按捺不住兴奋之情地率先进行了尝试。在司法腐败仍然严重,在百姓俗称"救火队""打捞队"的司法掮客群体已经形成并不断拓展活动空间之时,人们对这一将司法上的交易合法化的制度在我国的运作效果难免心怀忧虑,追溯一下辩诉交易在美国司法史当中蜿蜒而来的历史,应该不无益处。

正义是如此脆弱,一项运作不良的制度很容易将其败坏。

BY J. CHANG